Jörn Hauf * Albert Biesinger

Die BAUMHAUS-BANDE

Geschichten zur Erstkommunion

Mit Illustrationen von
Mascha Greune

Kösel

DIE AUTOREN

JÖRN HAUF arbeitet an einer Berufsschule in Reutlingen und an der Universität in Tübingen. Dort denkt er viel über Erstkommunion und Firmung nach und bildet Studentinnen und Studenten aus, die später mal Religion unterrichten wollen wie er. Die Geschichten der Baumhaus-Bande hat er geschrieben, da er selbst fünf Kinder hat, mit denen er gerne über Gott und die Welt spricht.

ALBERT BIESINGER ist Professor für Religionspädagogik und beschäftigt sich damit, wie Eltern und Kinder in der Familie Gott entdecken können. Ihm ist es wichtig, „über den Tellerrand hinauszuschauen", deshalb ist er oft bei armen Kindern in Elendsvierteln in Lateinamerika. Albert Biesinger ist verheiratet, hat vier Kinder und fünf Enkelkinder.

MIX
Papier aus verantwortungsvollen Quellen
FSC® C084279

Verlagsgruppe Random House FSC® N001967
Das für dieses Buch verwendete FSC®-zertifizierte Papier
Profibulk liefert Sappi, Alfeld.

Weitere Informationen zu diesem Buch und unserem gesamten lieferbaren Programm finden Sie unter
www.koesel.de

INHALT

GÜLCIN

KAI

ANNA

PAULA

MATTEO

SVEN

ANNAS
KRIBBELN

ANNA SITZT AUF IHREM BETT und ärgert sich. Beides passiert Anna in letzter Zeit öfter. Und heute ist nicht einmal ihr kleiner Bruder Benjamin schuld daran, mit dem Anna sich ihr Zimmer teilt. Eigentlich ist Annas kleiner Bruder total süß, wenn er nicht gerade an Annas Lieblingskuscheltier kaut oder seine Windel vollmacht oder einfach so, ohne Grund lauthals losbrüllt, bloß weil Anna ihm ... Besonders süß ist Benjamin hauptsächlich, wenn er schläft, findet Anna. Annas kleiner Bruder ist jetzt schon seit zwei Stunden mit Mama auf dem Spielplatz. Anna wäre auch gerne auf dem Spielplatz, aber sie ist verletzt. Das tut zwar nicht mehr so sehr weh, aber es ärgert sie. Anna hat sich beim Klettern auf dem Spielplatz den rechten Arm gebrochen und musste sogar operiert werden.

Das war ausgerechnet am Tag vor der Abreise zur Kinderfreizeit der Kirchengemeinde. Sie hatte sich so sehr auf diese Ferientage gefreut, aber auch ein bisschen Angst gehabt. Sie wäre das erste Mal alleine ohne ihre Eltern in Urlaub gefahren. Außer bei Oma und Opa im Schwarzwald, aber das zählt ja nicht. Schon zwei Tage vor der Abreise hat sie so ein komisches Kribbeln im Bauch gespürt. Das passiert ihr in letzter Zeit auch öfter, dass sie vor lauter Aufregung so ein komisches Kribbeln im Bauch spürt. Aber Paula wäre ja mitgekommen. Paula ist Annas beste Freundin. Sie gehen zusammen in dieselbe Klasse und waren in diesem Jahr gemeinsam bei den Kindergruppentreffen auf dem Kommunionweg. Das wäre bestimmt ganz toll geworden, zusammen mit Paula auf der Ferienfreizeit.

Stattdessen sitzt Anna jetzt auf ihrem Bett und ärgert sich, weil alles so langweilig ist, wenn man einen gebrochenen Arm hat und die beste Freundin ohne einen auf der Ferienfreizeit ist, und man nicht mal raus auf den Spielplatz kann und keiner einen besuchen kommt.

Kai hat sie auch nicht besucht. Er ist auch in Annas Klasse. Kai ist zwar ein Junge, aber er ist der einzige Junge in ihrer Klasse, den Anna nicht total nervig und doof findet wie die anderen Jungs. Früher, als sie noch klein waren, in der zweiten Klasse und noch früher, haben sie oft miteinander gespielt. Aber seit einiger

Zeit ist das nicht mehr so einfach, dass Jungs mit Mädchen spielen. Anna hört kurz auf, sich zu ärgern, und denkt nach: Vielleicht hat Kai sie ja deshalb nicht besucht, weil die anderen Jungs aus der Klasse sonst Witze über ihn machen? Oder vielleicht ist Kai ja jetzt in den Ferien auch ganz plötzlich total nervig und doof geworden, wie die anderen? Oder vielleicht ist er aber auch immer noch traurig und möchte am liebsten alleine sein? Kais Opa ist nämlich gestorben. Von einem auf den anderen Tag, mitten im Leben. Dabei wollte der Opa noch ganz viel mit Kai machen. Die beiden haben schon angefangen, ein Baumhaus zu bauen. Kai und sein Opa haben Anna und Paula sogar einmal nach der Schule gefragt, ob sie nicht mitkommen wollten, um ihnen zu helfen. Damals hat es auch in Annas Bauch gekribbelt und sie wusste gar nicht, was sie sagen sollte. Anna mochte Kais Opa, aber der ist ja jetzt bei Gott und kann kein Baumhaus mehr mit ihnen bauen. Und Anna mag Kai, jedenfalls mochte sie ihn noch vor einer Woche. Und Anna mag Paula, ihre beste Freundin, die aber ohne sie auf der Ferienfreizeit ist und erst irgendwann – Anna weiß gerade gar nicht, wann genau – wieder zurückkommt.

Kurz bevor Anna aufhört nachzudenken und wieder anfängt, sich zu ärgern, läutet es an der Wohnungstür. „Papa wird schon aufmachen", denkt Anna. Von wegen, Papa klebt gerade auf dem Sofa vor seiner heiß geliebten Sportschau. Anna lauscht. Als wirklich

nichts passiert und es zum zweiten Mal läutet, steht sie
genervt auf, fällt beinahe über Benjamins knallrotes
Bobbycar und mault ein unwilliges: „Ich geh schon!",
in Richtung Wohnzimmertür. An der Sprechanlage
meldet sich niemand. Anna öffnet die Wohnungstür,
obwohl sie weiß, dass man das nicht tun sollte, aber sie
ist jetzt doch zu neugierig und außerdem ist ja Papa
da.

„Hallo?", ruft sie durchs Treppenhaus, weil sie gerade noch sieht, dass da jemand die Treppe runterflitzt.

Der „Jemand" ist ein Junge in ihrem Alter. Als er ihre Stimme hört, macht er auf dem letzten Treppenabsatz kehrt und schaut verlegen zu ihr hoch: „Hallo Anna, du bist ja doch da."

„Oh, hallo Kai", erwidert Anna überrascht über den unerwarteten Besuch. Vor lauter Überraschung hat es ihr ein wenig die Sprache verschlagen. Sie weiß gar nicht, was sie sagen soll. Gut, dass ihr Papa gerade jetzt mal „nach dem Rechten schaut" und Kai freundlich einlädt, hoch- und reinzukommen. Das hat Anna im Moment nämlich ganz vergessen. Nachdem Annas Papa sicher ist, dass Kai weder ein Glas Saft trinken noch zusammen mit ihm und Anna Sportschau gucken möchte, zieht er sich wieder ins Wohnzimmer zurück. Dort ist gerade ein Tor für seine Lieblingsmannschaft gefallen und er will die Zeitlupenwiederholung nicht verpassen. Kai und Anna stehen etwas verloren im Flur herum. Anna findet immer noch keine Worte, außerdem kribbelt es in ihrem Bauch.

Kai betrachtet Annas Verband: „Ich habe deine Mutter mit Benjamin auf dem Spielplatz getroffen. Sie hat gesagt, dass du dir letzte Woche den Arm gebrochen hast und dich bestimmt über einen kleinen Besuch freust … Tut es noch weh?"

„Geht so", antwortet Anna, „da ist ja ein dicker Verband drum. Ich darf halt nirgendwo anstoßen."

Mehr fällt ihr wieder nicht ein, dabei freut sie sich eigentlich sehr, dass Kai sie besuchen kommt.

„Ich dachte, du wärst mit Paula auf dieser Ferienfreizeit von eurer Kirchengemeinde. Matteo und Sven aus unserer Klasse sind ja auch dabei."

Anna zuckt nur mit der linken Schulter.

„Wenn ich das gewusst hätte, wäre ich schon mal eher vorbeigekommen. Ist doch bestimmt ärgerlich, ausgerechnet in den Ferien. Warum hast du denn nicht mal angerufen?"

„Da hab ich gar nicht dran gedacht", antwortet Anna. Das stimmt nicht ganz, sie hat nämlich in den letzten Tagen schon ein paar Mal daran gedacht, Kai anzurufen, aber sie hat sich nicht richtig getraut, bloß will sie Kai das jetzt nicht sagen. Anna merkt, dass Kai ein wenig enttäuscht über ihre Antwort ist. Er ist vielleicht sogar kurz davor, wieder zu gehen. Das möchte Anna aber überhaupt nicht.

„Aber ich finde es ganz toll, dass du mich jetzt besuchst. Komm mal mit, ich zeig dir was", ermutigt sie Kai, noch zu bleiben, und führt ihn ins Kinderzimmer.

Kai stolpert auch beinahe über Benjamins Bobbycar und beide müssen grinsen. Vielleicht, weil sie sich gerade beide daran erinnern, dass sie früher in der Kinderkrabbelgruppe ganz oft Wettrennen mit ihren Bobbycars gemacht haben. Vielleicht aber auch, weil Kais Besuch jetzt doch etwas länger dauert.

Während Anna erst in ihrer Schreibtischschublade, dann in ihrem Schulranzen und schließlich überall nach etwas ganz Bestimmtem sucht, sitzt Kai auf Benjamins Bobbycar und schaut sich neugierig im Zimmer um. Dabei fällt sein Blick auf Annas Regal, genauer: auf ein ganz bestimmtes Regalfach. „Das sieht ja schön aus", staunt Kai.

Anna sieht zwar nicht genau, was er meint, weil sie gerade unter ihrem Bett sucht, was gar nicht so einfach ist, wenn man einen gebrochenen Arm hat. Aber sie kann sich schon denken, was Kai entdeckt hat. Ganz oben, so weit oben, dass ihr kleiner Bruder nicht drankommen kann und sie selbst einen Stuhl braucht, um hochzukommen, hat sie ein Regalfach für Jesus eingerichtet. Anna hat in diesem Jahr ihre Erstkommunion gefeiert. Wochenlang hat sie sich mit Mama und Papa zu Hause und in ihrer Kindergruppe auf diesen großen Tag vorbereitet. Es war ein wunderschönes Fest mit vielen lieben Verwandten, köstlichem Essen, tollen Geschenken und einer ganz besonderen Begegnung. Bei ihrer Kommunion hat Anna nämlich zum ersten Mal das heilige Brot bekommen. Manche Kinder aus ihrer Kommuniongruppe waren hinterher etwas enttäuscht, dass es so langweilig geschmeckt hat. Anna hat das heilige Brot, die Hostie, auch nicht besonders geschmeckt, aber dennoch war es für sie etwas ganz Besonderes: Sie hatte das Gefühl, Jesus ist jetzt ganz nah bei ihr, näher noch als in den Geschichten aus der Bibel oder beim Anzünden der Gruppenkerze oder beim Abendgebet. Seit diesem ersten Mahl bei ihrer Erstkommunion, ist Jesus für sie noch wichtiger geworden. Wenn für Anna etwas besonders wichtig ist, dann sucht sie dafür einen Platz in ihrem Regal. So kam es eben, dass Anna ein Regalfach für Jesus eingerichtet hat, ganz oben, wo niemand drankann und wo sie es von ihrem Bett aus immer gut sieht.

Kai hat das Regalfach also entdeckt und findet es schön. Und das findet Anna toll, weil andere Jungs das bestimmt doof fänden.

„Das ist mein Jesusregal", erklärt sie knapp. „Da ist bestimmt auch, was ich dir zeigen wollte." Dann krabbelt sie mühsam unterm Bett hervor und rollt ihren wackligen Schreibtischstuhl zum Regal, um sogleich draufzusteigen.

„Lass mich das lieber machen, nicht dass du runterfällst und dir den anderen Arm auch noch brichst", bietet sich Kai an.

Aber Anna ist schon oben, zieht ein kleines Buch aus ihrem Jesusregal hervor und zeigt es Kai. „Schau mal, ich habe zur Erstkommunion so ein Freundschaftsbuch von meiner Patentante Ingrid bekommen. Da sollen alle reinschreiben, die man besonders gerne mag. Paula hat als Erste reingeschrieben und ich bin noch gar nicht dazugekommen, es weiterzugeben. Magst du der Nächste sein, der reinschreibt?"

Kai nimmt Anna das Buch ab, damit sie sicher vom Stuhl steigen kann. Er betrachtet das schön eingebundene Freundschaftsbuch und schlägt es auf. „Ich weiß nicht, ich glaube, ich kann das nicht so gut. Das sind aber schwierige Fragen. Muss ich da jetzt gleich was reinschreiben?", fragt er etwas verunsichert. Kai kann nämlich nicht so gut schreiben und er kennt auch keinen so schönen Spruch, wie Annas Freundin Paula einen da reingeschrieben hat.

„Du kannst es ruhig mit nach Hause nehmen. Wenn du nichts schreiben willst, dann mal doch was Schönes hinein. Das kannst du doch so gut", ermuntert Anna ihn.

„Also gut, ich habe auch schon eine Idee. Hast du Stifte da?"

„Klar, hier", Anna reicht ihm ihr Schulmäppchen.

Kai zögert nicht lange und setzt sich an Annas Schreibtisch. „Du musst dich aber umdrehen und darfst nicht gucken, bis ich es dir sage", ermahnt Kai sie geheimnisvoll, als er merkt, dass sie neugierig über seine Schulter schielt.

„Du machst es aber spannend", findet Anna, dreht sich um und setzt sich im Schneidersitz auf den Boden. Da war es schon wieder, dieses Kribbeln in ihrem Bauch. Minutenlang ist es ganz still im Zimmer. Kai ist völlig in seine Zeichnung versunken. Manchmal scheint es Anna, als würde er ein wenig schluchzen, aber sie spricht ihn nicht darauf an. Dann geht

auf einmal alles ganz schnell. Kai legt die Stifte weg, klappt das Buch zu und steht auf.

„Ich muss jetzt gehen, Anna", sagt er mit belegter Stimme.

Ohne Anna noch mal anzuschauen, geht er aus dem Zimmer in den Flur, am Wohnzimmer vorbei, zur Wohnungstür. Rasch zieht er seine Sandalen an und lässt leise die Wohnungstür hinter sich ins Schloss fallen.

Anna sitzt immer noch im Schneidersitz auf dem Boden und schon wieder hat es ihr die Sprache verschlagen. Was sollte das denn jetzt? Schon wieder wird sie ärgerlich, über Kai, dass er einfach so weggeht, und über sich, dass sie ihm nicht nachgelaufen ist.

Verdattert richtet sie sich auf, nimmt das Freundschaftsbuch vom Schreibtisch und schlägt es auf. Kai hat wirklich nichts reingeschrieben. Dafür hat er für sie ein wunderschönes kleines Baumhaus gezeichnet. Mitten in einem Garten, mit einem kleinen Bach und einer Hütte, Obstbäumen und Beerensträuchern.

„Warum ist er denn nur so schnell gegangen?", Anna setzt sich aufs Bett und betrachtet blinzelnd ihr Jesusregal. Am liebsten hätte sie damals eine Hostie für ihr Regalfach mitgenommen, damit Jesus immer in ihrem Zimmer ist. Komisch, dass ihr das jetzt einfällt. Aber das ging natürlich gar nicht. Stattdessen bewahrt sie in ihrem Jesusregal einige Dinge auf, die sie an Jesus und ihren Kommunionweg erinnern: das kleine Holzkreuz und andere Mitbringsel aus den Kindergruppenstunden, ihre Bibel, ein Bild ihrer Kommuniongruppe (wo sie neben Paula sitzt und der freche Matteo aus ihrer Klasse eine doofe Grimasse zieht) und natürlich ihre Kommunionkerze, die sie hinten schräg aufstellen musste, weil das Regalfach nicht hoch genug ist. Gerade jetzt fällt ihr Blick aber auf den kleinen verzierten Pappkarton mit den Glückwunschkarten zu ihrer Erstkommunion. „In der Kiste wäre bestimmt auch eine Glückwunschkarte von Kais Opa drin, wenn er nicht gestorben wäre", überlegt Anna. Im Flur klingelt das Telefon, aber Anna denkt nicht daran, ranzugehen.

„Guter Gott", betet Anna ganz leise, ohne dass sie gleich merkt, dass sie ja jetzt nicht mehr nur nachdenkt, „bitte pass gut auf Kais Opa auf und tröste den Kai, wenn er ganz arg traurig ist. Pass auch gut auf meine Freundin Paula auf, dass sie gesund nach Hause kommt. Und pass bitte auch gut auf mich auf, damit ich mich nicht mehr so oft ärgern muss. Das war's eigentlich schon, was ich dir sagen möchte." Jetzt weiß Anna nicht mehr, was sie Gott noch sagen wollte, und deshalb sagt sie einfach „Amen". Das ist so, wie wenn man beim Handy auf den roten Knopf drückt. So, wie sie Gott kennt, antwortet der ja jetzt sowieso nicht gleich, wenn sie mit ihm spricht.

Da kommt plötzlich ihr Papa ins Zimmer und wundert sich: „Ist Kai schon wieder gegangen?" Aber er wartet die Antwort von Anna gar nicht ab, sondern redet einfach weiter: „Paulas Mutter hat gerade angerufen. Sie schafft es nicht rechtzeitig, Paula beim Gemeindehaus abzuholen. Der Bus kommt wohl eine Stunde früher an als geplant. Ich habe ihr angeboten, Paula mit dem Auto abzuholen – kommst du mit?"

Na klar kommt Anna mit: „Können wir noch ganz kurz bei Kai vorbeifahren, ich möchte ihm gerne noch mein Freundschaftsbuch geben. Nur ganz kurz. Er hat es nämlich noch nicht fertig ausgefüllt."

„Hat das nicht bis Montag Zeit, da seht ihr euch doch wieder in der Schule."

Aber Anna besteht darauf und schaut ihren Papa mit großen Kulleraugen an: „Bitte, Papa, das liegt doch auf dem Weg!"

FREUNDE
BLEIBEN

MATTEO, SVEN, PAULA UND GÜLÇIN haben einen der wenigen Vierersitze im Reisebus ergattert. Auf dem kleinen Tischchen in der Mitte türmen sich die leeren Verpackungen der letzten Süßigkeitenvorräte.

Sven und Matteo spielen schon seit Stunden ein und dasselbe Supertrumpf-Auto-Kartenspiel.

„Acht Zylinder sticht", ruft Matteo triumphierend.

„Sticht mit."

„250 Kilometer in der Stunde sticht."

„Sticht mit!"

„3.800 Kubikzentimeter Hubraum sticht!"

„Mist, nur 3.600, du kriegst sie alle."

Sven findet die Raumschiffschlachten auf seinem neuen Smartphone zwar spannender, aber das ist ja kaputt und Matteo hat keins, nicht mal ein Klapphandy. Stattdessen hat Matteo Spielkarten dabei. Aber Sven mag nur die mit den Autos.

Paula hat keine Lust mitzuspielen. Autos findet sie langweilig, außerdem ist sie müde und döst deshalb lieber vor sich hin.

Neben Paula sitzt Gülçin und schaut verträumt aus dem Fenster. Wenn sie an die letzte Woche zurückdenkt, ist Gülçin immer noch ziemlich baff. Sie hat es sich vor einer Woche nicht einmal im Traum vorstellen können, dass sie jetzt hier mit Paula, Matteo und Sven zusammensitzt. Ihr Vater hat sie kurzfristig zur Ferienfreizeit der katholischen Gemeinde angemeldet. Er musste dringend auf eine wichtige Geschäftsreise nach Amerika. Ihre Mutter liegt schon seit ein

paar Wochen im Krankenhaus. Sie ist schwanger und muss sich schonen, damit das Baby noch möglichst lange im Bauch bleibt und gesund zur Welt kommen kann. Normalerweise wäre Gülçin bei ihrem Lieblingsonkel und ihrer Tante geblieben; die haben keine Kinder, aber einen hübschen kleinen Garten, etwas außerhalb der Stadt. Leider sind sie schon vor den Schulferien zu Besuchen in die Türkei gereist. Gülçin hat eigentlich keine große Lust gehabt, mit auf die Freizeit zu fahren. Andererseits hat sie schon befürchtet, dass sie sonst bei einem ganz bestimmten entfernten Verwandten bleiben muss. Den konnte sie nicht so gut leiden, er war immer so streng zu seinen Kindern und so laut. Ihr Vater wusste das. Jetzt muss Gülçin kichern.

Paula hat es gemerkt und stupst sie an: „Woran denkst du gerade, Gülçin?"

„Oh, ich musste nur gerade an meinen Vater denken."

„Erzähl mal", fordert Paula sie auf, die froh ist über ein wenig Abwechslung auf der öden Rückfahrt.

„Also eigentlich wollte ich gar nicht mitkommen auf die Ferienfreizeit. Es war ja Babas Idee, weil alles so schnell gehen musste."

„Wer ist denn dieser Baba?", möchte Paula wissen.

„Das ist türkisch und heißt Vater oder eigentlich Papa oder so."

„Ach so, gut, erzähl weiter!"

„Am Abend vor der Abreise tauchte plötzlich noch ein entfernter Verwandter auf und hat ganz wild mit meinem Baba geschimpft, weil er mich bei der Freizeit angemeldet hat."

„Wieso denn, was redet denn da die Verwandtschaft mit, wenn dein Vater was entscheidet?", fragt Sven neugierig nach und legt die Karten beiseite. Er hat mit einem Ohr mitgehört und eigentlich keine Lust mehr auf Kartenspielen.

„Das ist bei uns halt so!", erklärt Gülçin, fast schon ein wenig beleidigt.

„Bei mir entscheidet immer alles meine Mutter alleine, das ist auch nicht besser", versucht Paula zu schlichten.

„Und was hat dein Verwandter dagegen gesagt, dass du mitkommst?", interessiert sich jetzt auch Matteo und räumt die Spielkarten auf. Er hätte sowieso keinen Stich mehr gegen Sven gemacht.

Gülçin zögert einen Moment und runzelt dann theatralisch die Stirn, sodass sie ganz wild aussieht. „Na, so halt", und dann ahmt sie ihren strengen entfernten Verwandten nach, indem sie mit dem Finger droht: „Gülçin kennt doch da niemanden und außerdem ist sie eine türkische Muslima, was soll sie da auf einer christlichen Ferienfreizeit? Und kein älterer männlicher Verwandter, der auf sie aufpasst! Am Ende kommt sie noch von ihrem Glauben ab!' Und so weiter. Aber mein Vater hat sich diesmal durchgesetzt und gesagt: ‚Gülçin ist dort gut aufgehoben und wird bestimmt schnell Anschluss finden!' – Dann haben sie mich aus dem Zimmer geschickt und weiter gestritten. Am Ende durfte ich dann mit, sonst säße ich jetzt nicht hier mit euch", endet Gülçin und schaut keck in die Runde.

Ihr Vater hat recht behalten. Gülçin hat sich auf der Ferienfreizeit sehr wohlgefühlt und ihren Glauben an Allah, das arabische Wort für „Gott", hat sie bestimmt nicht verloren. Im Gegenteil: Sie hat wie immer das Salah, das islamische Pflichtgebet, gebetet und abends vor dem Schlafengehen mit Freude in ihrem Koran gelesen – auf Deutsch, weil sie zwar ein wenig Arabisch

lesen kann, aber noch nicht so viel verstehen. Über Allah hat sie in ihrem ganzen Leben selten so oft nachgedacht wie in den letzten Tagen. Aber das möchte sie ihren neuen Freunden jetzt eigentlich nicht auch noch alles erklären.

Braucht sie auch gar nicht, weil es nämlich gerade im Lautsprecher knistert und alle Gespräche verstummen. Kathrin, die Oberministrantin, spricht durchs Mikrofon: „So ihr Lieben, unsere Fahrt endet bald. Wir sind schneller durchgekommen als gedacht und haben eure Eltern über die Telefonkette informiert. Bestimmt konnten wir nicht alle erreichen, deshalb bleibt bitte unbedingt auf dem Kirchplatz bei mir, bis ihr abgeholt werdet. Jetzt bitte ich euch, dass ihr euch schon mal langsam fertig macht, und denkt bitte auch daran, euren Müll mitzunehmen. Bevor wir auseinandergehen, möchte ich zum Abschluss noch die erste Strophe unseres neuen Segensliedes mit euch anstimmen."

Alle stimmen begeistert mit ein, auch Gülçin: „Gesegnet und beschenkt gehen wir gleich nach Hause. Du gehst unsere Wege mit und lässt uns nicht allein. Wir danken dir, Gott, für das Leben. Wir danken dir, Gott, für deinen Segen. Wir danken dir, Gott, für das Leben. Wir danken dir, Gott, für deinen Segen."

Dann wird es im Bus ziemlich lebhaft. Sven und Paula packen ihre Sachen zusammen und Matteo räumt den Müllberg weg.

Gülçin ist schon fertig und schaut wieder aus dem Fenster. Sie dankt Allah, dass er sie so gut geleitet hat in diesen Tagen. Besonders dankbar ist Gülçin für ihre neuen Freunde: Paula, Matteo und Sven. Auch wenn sie selten einer Meinung sind, haben sie es doch immer geschafft, sich gut zu vertragen. Das ist gar nicht so selbstverständlich, wenn die eigene Familie aus einem anderen Land kommt und dann auch noch anders an Gott glaubt als die anderen. Zum Beispiel findet Gülçin es mittlerweile ziemlich nervig, immer wieder zu erklären, dass sie kein Schweinefleisch essen möchte und auch keine Gummibärchen, weil diese oft aus Gelatine, also aus zermahlenen Schweineknochen hergestellt werden. Das fanden die anderen dann aber auch eklig und sie haben sich auf Müsliriegel und Schokobonbons für die Rückfahrt geeinigt. Auch dass Jesus der Sohn von Gott sein soll, zu dem die Christen beten, und dann auch noch zum Heiligen Geist, obwohl es doch nur einen Gott gibt, kommt ihr immer noch unlogisch vor. Am seltsamsten aber findet sie Sven, der die ganze Zeit „Oh Gott", oder „Gott sei Dank" oder so was sagt, aber behauptet, er glaube gar nicht so richtig an Gott. Trotzdem ist er aber ganz schön klug und auch sehr nett. Jedenfalls hat sie auf dieser Freizeit ziemlich viel Interessantes über den christlichen Glauben erfahren. Sanft streicht sie mit ihrer Hand über die drei geflochtenen Wollbändchen an ihrem linken Handgelenk. Am letzten Tag hatten

sie noch jeder für sich bis spätabends an ihren Freundschaftsbändchen gebastelt und am Ende überrascht
festgestellt, dass jeder für jeden eins geflochten hatte.
Eins von Paula, eins von Matteo und sogar eins von
Sven. Wie süß.

Paula hat nun endlich auch alles verstaut, schaut an
Gülçin vorbei aus dem Fenster und stellt fest, dass sie
die Gegend wiedererkennt. Die Stimmung im Bus ist
gut, alle freuen sich jetzt auf zu Hause.

Fast alle.

Sven stiert traurig vor sich hin auf sein kaputtes
Smartphone, das ihm gerade beim Zusammenpacken
aus dem Rucksack auf den Tisch gerutscht ist. Gülçin
bemerkt es als Erste und stupst Paula an. Paula tritt
Matteo unter dem Tisch leicht gegen das Schienbein
und nickt zu Sven rüber, der immer noch vor sich hin
starrt.

Matteo beugt sich zu Sven und spricht ihn an: „Was
hast du denn, Sven? Freust du dich denn gar nicht,
wieder nach Hause zu kommen?"

„Nicht wirklich!", antwortet Sven kurz, ohne aufzu-
blicken, und stopft schnell sein kaputtes Smartphone
zurück in den Rucksack.

„Aber warum denn nicht?", möchte Matteo wissen.

Hinter vorgehaltener Hand flüstert Sven ihm zu:
„Du weißt schon, das mit meinem neuen Smartphone.
Ich bekomme bestimmt einen Riesenärger, wenn
meine Eltern merken, dass es mir kaputtgegangen ist."

„Aber das kann doch jedem mal passieren, dass was kaputtgeht!"

Sven starrt ihn mit großen Augen an und wird auf einmal laut: „Du hast doch keine Ahnung! Das Smartphone war ganz neu und total teuer! Das hat so viel gekostet, wie alle deine Spielsachen zusammen und die von deinen ganzen Geschwistern dazu."

Das war jetzt richtig gemein von Sven, findet Matteo und geht zum Angriff über: „Deine Eltern haben doch genug Geld, die kaufen dir bestimmt gleich heute noch ein neues, damit ihr kleiner schlauer Sven nicht immer so alleine ist, weil er doch so wenig Freunde hat."

Jetzt wird Sven so richtig wütend und ist nahe dran, sich mit Matteo zu prügeln – und das, obwohl Matteo stärker ist und obwohl Matteo doch eigentlich sein einziger bester Freund ist.

Paula und Gülçin schauen sich verdutzt an und schütteln den Kopf. „Warum streitet ihr euch denn jetzt? Worum geht es denn?", möchte Paula wissen und wendet sich an Matteo. Sven schaut nicht auf und zupft hektisch an seinem Rucksack rum.

„Svens super Handy", antwortet Matteo und rollt dabei mit den Augen.

Sven bemerkt den Unterton und brüllt ihn an: „Halt einfach die Klappe, du Vollidiot!"

Paula versteht die ganze Aufregung immer noch nicht: „Aber das hatte doch eh nie Empfang! Wisst ihr noch, als wir uns im Wald beinahe verlaufen haben …"

Matteo hält sich zurück und sagt lieber nichts dazu, sonst flippt Sven noch völlig aus.

Gülçin möchte es jetzt aber auch genauer wissen und wendet sich ganz sanft an Sven: „Was ist denn mit deinem Handy, Sven? Möchtest du mal telefonieren? Ich habe auch eins dabei, damit ich mit meinem Vater telefonieren kann."

„Nein", antwortet Sven, nun schon wieder etwas ruhiger, „meins ist einfach kaputtgegangen."

„Aber so ein Handy geht doch nicht einfach so kaputt", wundert sich Gülçin.

„Na gut. Es ist nicht von selbst kaputtgegangen. Es ist auf der Wanderung passiert, bei der Burgruine. Ich

war wütend und habe es weggeschleudert, da ist das Display gesprungen und jetzt ist es Müll. Zufrieden?"

Matteo versucht auch einzulenken und erklärt versöhnlich: „Sven bekommt vielleicht gleich Riesenärger." Dann wendet er sich an Sven: „Aber du musst deinen Eltern ja nicht sagen, dass du es aus Wut kaputt gemacht hast, sag doch einfach, es wäre dir aus Versehen runtergefallen."

„Das wäre aber doch dann gelogen", empört sich Gülçin.

„Aber nur ein bisschen", verteidigt Matteo seinen gut gemeinten Vorschlag.

Gülçin bleibt stur und verschränkt entschieden ihre Arme: „Gelogen ist gelogen."

„Und was soll ich jetzt machen?", fragt Sven verunsichert.

„Die Wahrheit sagen", antwortet Gülçin etwas schnippisch.

„Und dann?", stöhnt Sven, dem diese Vorstellung gar nicht behagt. „Dann kriege ich doch erst recht Ärger und ganz bestimmt kein neues Smartphone mehr. Oh Gott, ihr habt ja keine Ahnung. Ohne Smartphone bin ich verloren."

„Typisch Sven", schüttelt Gülçin ihren Kopf und kann sich ein Grinsen nicht verkneifen.

Paula tut so, als würde sie in die Luft schauen, und meint ganz nebenbei zu Sven: „Aber dafür hast du Freunde gefunden, die dich auch ohne supertolles

Smartphone mögen. Stimmt's Matteo?" Und dabei tritt sie Matteo unter dem Tisch gegen das rechte Schienbein.

„Und denen es wichtig ist, dass ihre Freunde nicht lügen. Auch nicht nur ein bisschen. Stimmt's Matteo?", ergänzt Gülçin und tritt Matteo unter dem Tisch leicht gegen das linke Schienbein.

Matteo reibt sich beide Schienbeine und mault: „Aua, ich hab's ja verstanden. Was meinst du, Sven?"

Der stöhnt noch einmal auf und lenkt ein: „Ihr habt ja recht. Ich sage meinen Eltern die Wahrheit. Aber wisst ihr was, Freunde haben ist ganz schön anstrengend." Dabei blinzelt er in die Runde.

Matteo möchte auch noch etwas loswerden: „Freunde bleiben ist auch ganz schön anstrengend – vor allem wenn man ständig angemotzt wird oder einem gegen das Schienbein getreten wird." Daraufhin entschuldigt sich Sven bei Matteo, obwohl er nicht versteht, was er mit dem Schienbeintreten meint, weil er ihn ja gar nicht getreten hat.

Matteo klopft Sven freundschaftlich auf die Schultern und antwortet lächelnd: „Entschuldigung angenommen! Und jetzt räum dein Müllhandy weg, wir sind nämlich gleich da."

ANDERS ALS ERWARTET

KAUM ANGEKOMMEN, strömen alle aus dem Bus nach draußen. Außer Sven, schon wieder Sven, der bleibt erst noch mal sitzen. Er hat keine Lust auf das Gedränge und Geschubse vor der Ausgangstür. Außerdem sucht er immer noch nach den richtigen Worten, wie er seinen Eltern das mit dem kaputten Smartphone erklären soll. Viel Zeit bleibt ihm nicht mehr. Er hat ja schon insgeheim gehofft, dass die Freizeitleiter seine Eltern nicht erreicht haben und er noch ein wenig Zeit gewinnt.

Aber schon als der Bus auf den Kirchplatz gefahren ist, hatte Matteo Svens Vater im Gewimmel der wartenden Familien entdeckt: „Da ist er doch Sven, bist du blind? Er steht direkt neben meinen Eltern und Geschwistern."

„Ciao Matteo, Ciao Matteo, Ciao Matteo", hört Sven sie immer noch rufen, dabei müsste Matteo doch schon längst draußen sein. Sven findet es ganz schön übertrieben, dass bei Matteo immer gleich die ganze Familie mitkommt. Das war schon bei der Abfahrt vor einer Woche so. Andererseits ist er auch ein bisschen neidisch auf den Trubel. Sven macht immer noch keine Anstalten aufzustehen und sucht wieder durchs Fenster seinen Vater. Da entdeckt er ihn endlich selbst: Aber sein Vater scheint ihn nicht zu suchen. Er schaut gar nicht in seine Richtung. Stattdessen hat er sich abgewandt und hält sich mit einer Hand das Ohr zu.

„Das ist aber auch nicht freundlich", denkt Sven. „So laut schreit Matteos Familie ja nun auch wieder nicht. Ach so, wahrscheinlich telefoniert er mal wieder, weil irgendetwas Wichtiges passiert ist."

Bei Svens Vater passiert immer etwas Wichtiges. Manchmal wünscht sich Sven, dass er auch so wichtig wäre, dass sein Vater alles um sich herum stehen und liegen lässt und sich das Ohr zuhält, nur wegen ihm. Dabei kann er seinen Vater gar nicht anrufen. Jetzt sowieso nicht mehr, weil ja das Handy kaputt ist. Aber auch sonst nicht, er hat nicht mal seine Nummer. „Dein Vater hat sein Handy nur für wichtige Notfälle", hat seine Mutter ihm erklärt. Dafür ruft sie Sven ständig an. Bestimmt macht sie sich Sorgen, dass sie ihn in den letzten Tagen nicht erreichen konnte. Svens Mutter macht sich ständig Sorgen, weil Sven ja ihr einziges Kind ist. Dafür kann er doch nichts, er hätte ja auch gerne Geschwister, aber das sagt er seiner Mutter nicht mehr, denn dann guckt sie immer so traurig. Svens Mutter kann keine Kinder mehr bekommen. Schade.

„Magst du nicht auch aussteigen?", reißt ihn eine freundliche Stimme aus seinen Gedanken. Es ist Kathrin, die Oberministrantin. Sven weiß nicht genau, was das ist, eine Oberministrantin, aber er findet Kathrin nett.

„Doch, doch, ich habe nur noch was gesucht", schummelt Sven ein wenig, weil er Kathrin nicht auch noch die ganze Geschichte vom kaputten Smartphone erzählen will.

Da fragt Kathrin doch glatt: „Was ist eigentlich mit deinem Handy los? Deine Mutter hat mir vorhin am Telefon gesagt, du hättest eines dabei, aber sie hätte dich in den letzten Tagen nicht erreichen können?"

Jetzt aber nichts wie raus hier, denkt Sven und sagt: „Ach, kein Problem, da stimmt was mit dem Akku nicht … Oh, da ist ja mein Vater, jetzt muss ich aber los."

Alles gelogen. Gülçin würde bestimmt kein Wort mehr mit ihm reden, wenn sie das mitbekommen hätte. Hat sie aber nicht, doch Sven fühlt sich trotzdem schlecht. In Windeseile rafft er seine Sachen zusammen, quetscht sich an Kathrin vorbei und stürmt aus dem Bus zu seinem Vater, den er vorhin ja schon zweimal entdeckt hat. Aber wo ist sein Vater denn jetzt? Er sieht ihn nicht. Vielleicht braucht er ja wirklich eine Brille, wie alle immer sagen. Sven sucht ihn bei der Gepäckverladung und bei Matteos Familie. Er sucht ihn auf dem ganzen Kirchplatz, aber sein Vater ist nirgendwo zu finden. Stattdessen entdeckt er Anna, die zickige Anna aus seiner Klasse. Sie steht mit ihrem Vater etwas abseits im Schatten unter dem Kastanienbaum. Sven macht in der Schule einen Riesenbogen um Anna, weil die ihn immer so zickig anguckt. Und auch jetzt findet Sven, dass Anna mal wieder ganz besonders zickig guckt. Deshalb macht Sven auch heute lieber einen großen Bogen um Anna und sucht weiter nach seinem Vater.

„Hast du Paula schon gefunden, Anna?", fragt Annas Papa. Anna hat Paula schon längst entdeckt und was sie da sieht, gefällt ihr ganz und gar nicht. Sie hatte sich so sehr auf Paula gefreut und war sich ganz sicher, dass es eine Riesenüberraschung wird, wenn sie sieht, wer sie abholt. Aber Paula hat sie noch gar nicht gesehen. Sie hat sich noch nicht einmal umgesehen. Stattdessen hat Paula nur Augen für das fremde Mädchen, das ganz nah bei ihr steht. Jetzt umarmen die sich sogar ganz doll. Anna kann sich gar nicht erinnern, dass Paula sie auch schon mal so doll umarmt hat. Wenn Anna sich nur erinnern könnte, wer dieses fremde Mädchen ist, irgendwie kommt sie ihr bekannt vor.

Aber eins weiß sie genau: Das ist ganz sicher eine doofe Kuh. Anna ärgert sich und würde am liebsten losheulen und wegrennen vor Wut. Aber das traut sie sich nicht. Was würden ihr Papa und die anderen Leute von ihr denken, wenn sie jetzt plötzlich losheulten und wegrennen würde wie ein kleines Kind. Wie peinlich. Anna weiß gar nicht, wohin mit ihrer Wut auf das fremde Mädchen. Sie presst ihre Lippen ganz fest aufeinander und kann trotzdem nicht verhindern, dass ihr ein paar dicke Tränen über die Wangen

kullern. Als sie jetzt noch mit ansehen muss, dass ihre gemeine beste Freundin Paula und dieses blöde fremde Mädchen auch noch diesem doofen frechen Matteo und schließlich auch noch dem noch dooferen Sven aus ihrer Klasse zuwinken, als wären sie alle beste Freunde – und alle vier tragen so bunte Freundschaftsbändchen um ihre Handgelenke –, da gibt es für Annas Tränen kein Halten mehr.

Ihr Vater hat von alledem nichts bemerkt, weil er ja Paula sucht und Paula nicht so gut kennt, dass er sie unter all den vielen Kindern, die da aus dem Bus strömen, auf Anhieb gleich erkennen würde.

„Ah, das könnte doch Paula sein, oder? Da, das Mädchen, das den anderen Kindern so fröhlich zuwinkt. Ist sie das nicht?", ihr Vater zeigt auf Paula und dreht sich zu Anna um.

Aber Anna steht schon gar nicht mehr neben ihm.

„Ich muss mal aufs Klo", ruft sie ihm aus einiger Entfernung zu und rennt quer über den Platz, in einem großen Bogen um die Menschentraube beim Bus, zum Gemeindehaus. Zu dumm: Das Gemeindehaus ist abgeschlossen.

Ihr Blick fällt auf die geöffnete Sakristeitür am Seiteneingang der Kirche, gleich neben dem Gemeindehaus. „Da gibt es doch auch eine Toilette", das weiß Anna vom Ministrantenunterricht. „Aber warum ist denn da die Türe auf, es ist doch noch gar kein Gottesdienst."

Anna weiß nicht, dass Frau Urmacher, die Mesnerin und Hausmeisterin der Kirchengemeinde, gerade eben erst die Türe aufgeschlossen hat, um frisches Wasser für die Blumen vor der Marienstatue zu holen und noch ein paar neue Kerzen aus der Sakristei zum Lichterständer zu legen. Anna jedenfalls verdrückt sich unbemerkt durch den Türspalt. Sie muss tatsächlich mal. Da kann wenigstens niemand sehen, dass sie jetzt heult, und hoffentlich auch niemand hören, welche garstigen und gemeinen Schimpfwörter sie benutzt. Anna sperrt sich auf der Toilette ein und heult und schimpft – immer abwechselnd.

Insgeheim hofft sie, dass ganz zufällig doch noch von irgendwoher ein freundlicher Mensch vorbeikommt, der sie tröstet oder irgendetwas Kluges sagt, damit es ihr wieder besser geht. Ihr Vater zum Beispiel, oder vielleicht sogar Paula, der es ganz furchtbar leidtut, dass Anna wegen ihr so traurig und ärgerlich ist. Aber das alles passiert nicht, dämmert es Anna bald, weil sie sich einfach so unbemerkt durch die Sakristeitür verdrückt hat und jetzt verheult auf der zugesperrten Toilette sitzt. Als auch nach zehn Minuten wirklich niemand vorbeikommt, um sich um Anna und ihre Wut zu kümmern, wird alles nur noch schlimmer.

Frau Urmacher, die sich um die Blumen und die Kerzen und die Marienstatue gekümmert hat, hat zu Hause einen Kuchen im Backofen. Nach getaner Ar-

beit und einem kurzen Gebet vor der heiligen Jung-
frau Maria schließt sie heute ganz besonders schnell
die Türen hinter sich zu und eilt mit ihrem rostigen
Fahrrad über den Kirchplatz an den vielen Leuten
vorbei nach Hause.

Anna will jetzt nicht mehr länger auf dem Klo sitzen
und beschließt, wieder nach draußen zu ihrem Papa
zu gehen. Aber sie kommt nicht mehr raus. Die Tür
nach draußen, durch die sie vorhin unbemerkt ge-
schlüpft ist, ist fest verschlossen. Anna versucht es bei
der anderen Tür, die in die Kirche hinein zum Altar-
raum führt. Die ist ebenfalls verschlossen. Die meisten katholischen Kirchen sind zwar tagsüber offen,
aber eben nicht die Sakristeien mit den schönen Pries-
tergewändern und den Leuchtern und Weihrauchfäs-
sern, Kelchen und Schalen, Messbüchern und all den
anderen verborgenen kostbaren Dingen, die es nur an
besonderen Feiertagen zu sehen gibt. Die sind abgeschlossen, wenn niemand da ist. So wie jetzt. So ein
Mist. Anna weiß gar nicht, was sie nun tun soll.

Draußen auf dem Kirchplatz machen sich die anderen
auch langsam Sorgen um Anna. Die meisten Kinder
sind abgeholt, Annas Vater hat inzwischen Paula aus-
findig gemacht und trägt ihren schweren Rucksack
zum Auto. Eigentlich hat er gehofft, dass Anna schon
am Auto auf sie wartet, weil er sie auf dem Kirchplatz
nicht mehr gesehen hat.

„Ich verstehe das nicht, wo bleibt Anna bloß? Sie wollte nur schnell zur Toilette und sie hat sich so auf dich gefreut …", wendet er sich an Paula.

„Das finde ich wirklich sehr nett von euch, dass ihr mich abholt. Ich müsste auch mal nach der langen Busfahrt aufs Klo, aber das Gemeindehaus ist zu, da kann sie also nicht sein", schlussfolgert Paula und schaut sich noch mal um. „Da hinten beim Bus stehen Sven und Matteo aus unserer Klasse mit Matteos Familie. Vielleicht haben die ja Anna gesehen und können uns beim Suchen helfen."

„Eine gute Idee", findet auch Annas Vater, „frag doch mal nach, Paula. Ich verstaue noch schnell deinen Rucksack und komme dann gleich zu euch."

Sven sucht immer noch seinen Vater. Matteos Eltern können ihm auch nicht weiterhelfen: „Er stand eigentlich die ganze Zeit bei uns und wir haben uns nett unterhalten, dann musste er plötzlich dringend telefonieren und ist dann ganz schnell weggegangen, ohne etwas zu sagen. Tut mir leid, Sven." Mehr weiß Matteos Mutter auch nicht.

Sven bedankt sich für die Auskunft und möchte gerade schon weitersuchen, da kommt auf einmal Kathrin auf sie zu: „Deine Mutter hat gerade bei uns angerufen, Sven, sie kommt dich in einer halben Stunde abholen, dein Vater musste wohl plötzlich dringend weg …"

Matteo steht daneben und findet das alles sehr merkwürdig: „Warum haben es alle auf einmal so eilig? Es sind doch noch Ferien! Gülçin und ihr Vater mussten vorhin auch plötzlich ganz schnell weg und jetzt kommt auch noch Paula angerannt."

„Habt ihr Anna irgendwo gesehen?", ruft sie ganz aufgeregt in die Runde.

„Welche Anna?", wundert sich Matteo.

Sven erinnert sich: „Meinst du die Anna aus unserer Klasse? Ja, die stand vorhin unterm Kastanienbaum und hat ganz böse geguckt und dann ist sie plötzlich weggerannt, in Richtung Gemeindehaus. Was ist denn mit Anna?"

„Ich weiß auch nicht, was los ist, jedenfalls vermisst ihr Vater sie schon eine ganze Weile. Sie wollten mich eigentlich gemeinsam abholen, weil meine Mutter noch nicht kann. Kommt schnell, wir suchen sie!" Während Kathrin und Matteos Eltern und Geschwister noch diskutieren und lieber noch auf Annas Vater warten wollen, schwärmen Matteo, Paula und Sven schon aus. Sven übernimmt den Bereich rund um die Kirche.

Durch ein kleines Fenster über der schweren Eichentüre, die nach draußen führt, fällt nur ein schwacher Lichtschein in die Sakristei. Anna hat außer dem Licht in der Toilette noch keinen Lichtschalter entdeckt und ein Telefon gibt es hier auch nirgends. Hilflos kauert sie sich neben der Außentüre auf den Boden und wimmert. Jetzt tut ihr auch noch ihr gebrochener Arm weh. Sie findet es irgendwie unheimlich, ganz alleine in der Sakristei, zwischen all den großen dunklen Schränken. Über der Türschwelle zur Kirche hängt ein blutender Jesus am Kreuz, der guckt auch überhaupt kein bisschen zuversichtlich. Wie er da so im Halbdunkel hängt, mit großen Schmerzen und von allen alleingelassen, tut er Anna leid. Und Anna tut Jesus bestimmt auch leid, sie muss nämlich schon wieder weinen. In ihrer Verzweiflung poltert sie so gut es geht mit ihrem linken Arm an die Tür und ruft um Hilfe. Hoffentlich hört sie bald jemand, hoffentlich.

EIN LANGER ABEND

„JETZT ERZÄHL DOCH MAL, wie war es denn? Was ist eigentlich mit deinem neuen Smartphone los? Hast du auch ein wenig Kontakt zu anderen Kindern gefunden? Gab es genug zu essen? Du sagst ja gar nichts, mein Schatz?"

Sven sitzt fest angeschnallt im Kindersitz auf dem Rücksitz des riesigen SUV. Ein SUV ist ein Sport Utility Vehicle – das ist Englisch und bedeutet so viel wie ein straßentauglicher Geländewagen, ein Wahnsinnsauto, der Traum vieler kleiner und großer Jungs. Der sticht nicht nur beim Kartenspiel, sondern auch auf der Straße fast alle aus. Einfach cool, der neue Wagen seiner Mutter.

„Sven, hörst du mich? Ich habe dich doch was gefragt. Was ist denn nun mit deinem Smartphone?

Hast du Hunger? Sollen wir zur Feier des Tages einen Riesenhamburger mit Pommes essen?"

Sven hat keinen Hunger, ihm ist nicht nach Feiern zumute und er hat auch überhaupt keine Lust, mit seiner Mutter über das kaputte Smartphone zu sprechen. Andererseits hat er ja Gülçin versprochen, seinen Eltern die Wahrheit zu sagen. Sven nimmt all seinen Mut zusammen und antwortet: „Es ist mir kaputtgegangen." Das war zwar noch nicht die ganze Wahrheit, aber falsch war es auch nicht. „Also das war so …", beginnt Sven und nimmt sich wirklich vor, die ganze Geschichte zu erzählen, so wie sie wirklich war.

Aber seine Mutter hört ihm gar nicht zu: „Ist ja auch nicht so schlimm, vielleicht kann man es ja wieder reparieren lassen. Sonst nimmst du halt erst mal wieder dein altes Klapphandy." Das ist alles. Sven ist jetzt fast schon ein wenig enttäuscht, wie schnell das Thema abgehandelt ist. Das wäre ja eigentlich nicht so schlimm. Enttäuscht ist Sven vor allem, weil seine Mutter ihn immer ganz viel fragt, aber dann gar nichts genau wissen will.

Sven wäre gerne einmal von seinem Vater abgeholt worden. Doch der hatte ja plötzlich wieder etwas ganz Wichtiges zu tun und musste schnell weg, in die Klinik. Irgendein komplizierter Notfall. Dabei ist die ganze Klinik doch voll von Ärzten, warum musste sein Papa auch neuerdings Chefarzt sein. Das klingt zwar cool, weil das Wort „Chef" drinsteckt, aber seitdem ist er fast gar nicht mehr zu Hause, stattdessen steht der coole SUV vor dem Haus.

„Sag mal, Sven, schläfst du schon? Wir sind doch gleich zu Hause! War das alles so anstrengend für dich, mein Schatz?"

Sven schläft nicht, nur fast, er träumt vor sich hin. Das macht er gerne, vor allem bei Autofahrten. In seinem Tagtraum hat er jetzt gerade einen Superheldenanzug an. Bewaffnet mit einem Laserschwert und einigen anderen sehr gefährlichen Waffensystemen durchstreift er das feindliche Gebiet. Überall lauern Gefahren: große, grässliche Monster, riesige fleischfressende Schlingpflanzen und tückische Fallgruben, aus denen es kein Entrinnen mehr gibt. Die Zeit arbeitet gegen ihn. Mit dem Anbruch der Dunkelheit ist

die wunderschöne Prinzessin Anna für immer verloren – und mit ihr auch die Belohnung des greisen Königs für den Superhelden, der ihm seine verlorene Tochter aus den Fängen des Unnahbaren wieder zurückbringt. Superheld Sven muss sie finden, bevor der Einsatz abgebrochen wird und er wieder zurück auf sein Mutterschiff muss, das bereits auf dem Weg in die Umlaufbahn des geheimnisvollen fremden Planeten ist. Zack, Abwehr eines feindlichen Flugobjekts. Zosch, sein Laserstrahl trifft das riesige blutsaugende Ungetüm auf seinem Arm.

Superheld Sven muss jetzt alles geben, sein muskulöser Körper ist angespannt wie ein Flitzebogen. Doch da, er fällt, eine gemeine unsichtbare Betonfalle hat ihn niedergestreckt. Aber Superhelden geben niemals auf, niemals, hastig schiebt er sich seinen letzten Medipack-Schokoriegel rein und richtet sich wieder auf, mit letzter Kraft. Da hört er ganz in seiner Nähe ein dumpfes Klopfen gegen eine schwere Eichentür. Superheld Sven weiß sofort, was das bedeutet: Prinzessin Anna, ich rette dich …

„Wir sind da, Schatz!", hört Superheld Sven seine Mutter wie aus weiter Ferne rufen. Er schnallt sich widerwillig ab und steigt aus dem Mutterschiff aus.

Auch Paula ist zu Hause angekommen. Sie bedankt sich artig bei Annas Vater fürs Heimbringen und wirft beim Aussteigen einen verstohlenen Blick auf Anna.

Die verzieht immer noch keine Miene. Sie haben die ganze Fahrt über kein Wort miteinander gewechselt.

„Was hat Anna nur? Wenn ich doch nur wüsste, was mit ihr los ist!", denkt Paula und klingelt mehrmals vergeblich an der Haustür, dann kramt sie den Haustürschlüssel aus ihrem schweren Rucksack. Mama ist noch nicht zu Hause, wahrscheinlich holt sie nach der Arbeit im Supermarkt noch Paulas Bruder Max von Oma und Opa ab. Hoffentlich ist wenigstens Mimmi da. Mimmi ist Paulas Katze. Kurz nachdem ihr Vater ausgezogen ist, ist sie ihnen zugelaufen. Keiner weiß, wem sie eigentlich gehört, aber seitdem ist sie bei ihnen geblieben und Paula findet, sie gehört jetzt zu ihnen.

„Miez, miez, Mimmi, wo bist du denn?", ruft Paula in die leere Wohnung, dann legt sie ihre Sachen ab und geht aufs Klo – endlich – und trollt sich nach einem Umweg über die Küche, wo sie Mimmi etwas zu fressen hinstellt, in ihr Zimmer. „Da bist du ja, du Süße!" Sie entdeckt Mimmi, die sich unter ihrem Bett verkrochen hat, als sie die Haustür gehört hat. Mimmi ist nämlich sehr scheu. Aber jetzt hat sie Paula erkannt und streicht schnurrend um ihre Beine. Paula nimmt sie auf den Arm, was Mimmi heute einmal gerne mit sich geschehen lässt, und krault sie sanft am Nacken. Auf ihrem Schreibtisch liegt eine Urlaubspostkarte aus Italien von ihrem Vater: „Schau mal, Mimmi, Papa hat uns geschrieben – bleib, ich lese es dir vor."

Paula setzt sich vorsichtig mit Mimmi auf dem Arm an ihren Schreibtisch: „Liebe Paula, ich hoffe, es geht dir gut, wir haben es hier sehr schön. Die Sonne lacht und man kann jeden Tag baden gehen. Ich denke jeden Tag an dich und freue mich, wenn wir uns in zwei Wochen wiedersehen, dann unternehmen wir wieder was Schönes miteinander. Liebe Grüße, auch von Sabine und der kleinen Julia, die kann jetzt sogar schon ein paar Schritte laufen, dein Papa."

Mimmi hat kein Interesse mehr an Papas Postkarte und springt von Paulas Schoß runter aufs Bett, wo sie sich gemütlich einrollt. Paula ist auch irgendwie enttäuscht und legt die Postkarte in ihrer Papa-Schublade

ab. Dort bewahrt sie alle Post und Bilder von ihm. „Schau mal, Mimmi, die Schublade ist fast voll. So lange ist Papa schon weg." Alle Postkarten sind unterschrieben mit „Liebe Grüße, auch von Sabine". Das nervt Paula besonders. Sabine ist Papas neue Frau. Die haben letztes Jahr auch ein kleines Baby gekriegt, seitdem hat Papa nicht mehr jedes zweite Wochenende Zeit für sie und Max.

In diesem Jahr ist er erstmals ohne Paula und Max in den Urlaub gefahren. Deshalb ist Paula in diesem Jahr mit auf die Ferienfreizeit gefahren, das war Papas Idee – oder Sabines. Sie sei ja jetzt schon ein großes Mädchen.

„Weißt du, Mimmi, ich finde es manchmal gar nicht so toll, schon ein großes Mädchen zu sein", sinniert Paula und setzt sich zu Mimmi aufs Bett und krault sie weiter. Mimmi beginnt behaglich zu schnurren. „Viel lieber wäre ich ein kleines Mädchen geblieben, zusammen mit Papa und Mama und Max. Alles wäre so wie früher, als es noch keine Sabine gab und schon gar keine kleine Julia. Aber da ist wohl nichts mehr zu machen. Außerdem – wer weiß, vielleicht wärst du uns dann gar nicht zugelaufen oder Papa hätte es nicht erlaubt, dass du bei uns bleibst …"

Jetzt hat Mimmi aber wirklich keine Lust mehr, gekrault zu werden, und macht sich mit einem eleganten Satz vom Bett aus dem Staub. Paula schaut ihr traurig nach. „Immer machst du nur, was du willst", ruft sie ihr hinterher und dabei klingt sie schon beinahe ein bisschen so wie ihre Mama. Unzufrieden steht Paula vom Bett auf und schiebt ihre Papa-Schublade zu. Tagelang hat sie damals zum lieben Gott gebetet, er möge doch machen, dass Mama und Papa sich wieder vertragen, aber es hat nichts genutzt. „Gott hat wohl andere Pläne für dein Großwerden, aber er ist ganz bestimmt ganz nah bei dir, jeden Tag!", das hat ihr Opa Gerd mal abends vor dem Schlafengehen erzählt, als es Paula ganz schlecht ging, weil Gott ja gar nicht immer genau das tut, worum sie ihn bittet, und ihr hat das sehr geholfen. Sie hat es gleich bei nächster Gelegenheit ihrer Mutter weitergesagt. Aber die hat das nicht getröstet. „Ich habe seit dieser schlimmen Zeit der Trennung das Beten zum lieben Gott verlernt", hat sie damals gesagt. Dabei kann Paula sich gar nicht daran erinnern, dass Mama oder Papa früher überhaupt schon mal mit ihr gebetet hatten, außer wenn Oma und Opa da waren und vielleicht an Weihnachten in der Kirche. Aber seit der Kommunionvorbereitung hat sich da viel getan. Paula hat sich das Beten nämlich von ihrer Mama gewünscht. Mama betet jetzt abends fast immer mit ihr und Max, nachdem sie ihnen eine Gute-Nacht-Geschichte vorgelesen hat. Sie betet immer ganz kurz, zum Beispiel: „Behüte und beschütze uns und schenke uns schöne Träume. Amen." Und anstatt „Lieber Gott" sagt sie „Guter Gott" oder „Gütiger Gott". Das passt irgendwie auch besser zu ihr, findet

Paula. Sie ist froh, dass ihre Mutter jetzt abends mit ihnen betet, auch wenn sie dabei manchmal ganz traurig und erschöpft aussieht. Paula betet dann meistens im Bett noch mal nach und erzählt Gott alles ganz ausführlich, was sie auf dem Herzen hat. Paula mag beten, da fühlt sie sich nicht so allein mit ihren alltäglichen Erlebnissen, wo doch ihr Bruder noch so klein und Mama oft so erschöpft und Papa weit weg mit seiner neuen Familie beschäftigt ist und Mimmi sowieso immer nur macht, was sie will. So wie jetzt. Und seit heute redet nicht mal mehr Anna mit ihr. Paula schaut aus dem Fenster, draußen dämmert es schon.

In Matteos Familie wird oft erst spät zu Abend gegessen, besonders in der Ferienzeit, wenn am kommenden Tag keine Schule ist. Für Matteo ist das immer die schönste Zeit des Tages. Alle sitzen zusammen, die ganze Familie. Zu Beginn des Essens wird kurz gebetet und dabei auch an die Menschen in der Familie gedacht, denen es gerade schlecht geht oder die schon gestorben sind. Und dann wird erzählt und gelacht und manchmal auch gestritten bis tief in die Nacht. Zumindest so lange, bis jemand bemerkt, meistens ist es seine Mutter, dass es doch schon wieder viel zu spät geworden ist für die Kinder. Heute Abend scheint niemand daran zu denken, obwohl es mittlerweile schon beinahe Mitternacht ist. So viel gibt es zu erzählen, zu lachen, zu streiten und zu essen. „Das arme

Mädchen mit dem gebrochenen Arm", fängt jetzt seine Mutter zum hundertsten Mal wieder an, „sitzt da eine Stunde lang alleine in der Sakristei und keiner hilft ihr. Warum hat ihr Vater sie denn nicht schon früher gesucht? Ich versteh das nicht …"

„Ach, Mama", gähnt Matteo und nimmt sich noch einen Mandelkeks aus der Schale, „es ist doch nichts passiert, Sven hat sie doch klopfen gehört und gleich Kathrin informiert."

„Trotzdem Matteo, dann hat es ja noch mal eine halbe Stunde gedauert, bis man endlich einen Schlüssel aufgetrieben hat", beharrt seine Mutter.

„Na und? Dafür hat sie ja dann auch ein großes Stück Kuchen von Frau Urmacher bekommen", findet Matteo.

„Was heißt hier: Na und", mischt sich sein Bruder Giuseppe ein, „du hättest dir bestimmt vor Angst in die Hosen gemacht."

„Hätte ich nicht!"

„Hättest du doch!"

„Hätte ich nicht, du …"

„Wisst ihr noch, als Matteo letztes Jahr nach dem Gruselfilm ins Bett gemacht hat", weiß sein ältester Bruder Bruno noch eins draufzusetzen und lacht laut los.

Die Zwillinge Toni und Antonia klopfen sich gleichzeitig vor Lachen auf die Schenkel. Die machen immer alles gleichzeitig.

„Seid still, ihr …“, tobt Matteo und weil ihm kein Schimpfwort einfällt, wirft er Bruno einen Mandelkeks an den Kopf.

„Basta“, ruft da sein Vater und schlägt mit der Faust auf den Tisch, „hört sofort auf damit.“

Mama bringt die Mandelkekse in Sicherheit. Damit ist das Abendessen beendet. Matteo hilft seiner Mama noch beim Tischabräumen. Er ist auf einmal doch ziemlich müde, macht sich im Bad bettfertig und lässt sich von Mama noch ein Segenskreuz auf die Stirn zeichnen. Zum Abschied streckt er seinen Geschwistern noch schnell die Zunge raus. Aber der Streit ist eigentlich schon wieder vergessen. Matteo ist glücklich, wieder zu Hause zu sein. Zugegeben, er wäre es gerne selbst gewesen, der Anna aus der Sakristei befreit hätte, aber was soll's. Kurz darauf kuschelt er sich heimlich ins Bett seiner Eltern, ohne dass seine Geschwister es merken. Die müssen nämlich abends immer abspülen.

Die Nachtschwester zwinkert Gülçin freundlich zu, nachdem sie ihr einen heißen Tee gebracht hat. Seit Stunden sitzt sie beinahe regungslos neben ihrem Vater auf einem blauen Plastikstuhl im Wartebereich vor dem Operationssaal.

Nein danke, sie möchte nichts essen, nein danke, sie möchte sich nicht in einem Besucherzimmer hinlegen, nein danke, sie möchte nicht von irgendjemandem abgeholt werden. Nein danke, sie möchte einfach nur hier sitzen bleiben, auf diesem blauen Plastikstuhl, bei ihrem Baba.

Sohat Gülçin ihren Baba noch nie gesehen: Schweißperlen bedecken seine Stirn, sein Blick ist angespannt, die Beine zittern nervös. Rastlos gleiten die 33 aufgereihten Perlen der *tesbih* durch seine rechte Hand. Gülçin beobachtet ihren Baba, sie weiß, dass er diese Gebetskette von Annes Baba zur Hochzeit bekommen hat. Anne bedeutet auf Türkisch: Mama. Sie weiß, dass ihr Baba für Anne und das Baby betet, denn die *tesbih* erinnert gläubige Muslime an die 99 Namen, die Allah im Koran hat – ihr Vater kennt sie alle auswendig. Die *tesbih* hilft ihm beten. Und das Gebet hilft, Gott für seine große Güte zu danken und die Prüfungen zu bestehen, die das Leben den Menschen aufgibt.

Dies ist die bislang größte Prüfung in Gülçins Leben und auch im Leben ihres geliebten Babas. Sie hatte sich gerade auf dem Kirchplatz von Paula verabschiedet, da erreichte der Anruf aus dem Krankenhaus ihren Vater auf dem Handy. Panisch zog er seine Tochter zum Auto und raste wie ein Besessener in die

Klinik. Sie rannten die bekannten Treppen hoch zu Annes Zimmer. Schon oft sind sie diesen Weg gegangen, meistens mit Blumen oder einer kleinen Süßigkeit unter dem Arm, vorbei am Stationszimmer, wo man sie schon kannte und ihnen ein Pfleger oder eine Schwester freundlich zulächelte und ein wenig mit ihnen plauderte, bevor sie an Annes Zimmer anklopften. Doch diesmal war alles anders. Sie hasteten durch den Gang. Ohne anzuklopfen riss Baba die Tür auf. Doch das Bett war leer. Baba befürchtete schon das Allerschlimmste und schrie laut auf.

Gut, dass die Stationsschwester sofort hinter ihnen herstürzte und beruhigend auf ihren Vater einsprach: „Ihre Frau hatte einen vorzeitigen Blasensprung, wir mussten das Kind holen, aber es gab Probleme bei der Operation. Der Chefarzt ist bereits informiert und auf dem Weg in den OP.“

„Was für Probleme, was meinen Sie mit Probleme?“, schrie Gülçins Vater die arme Stationsschwester an. Gülçin verstand die Welt nicht mehr, sie verstand auch nicht die ganzen medizinischen Erklärungen, die man ihnen gab. Nur eines spürte sie ganz deutlich: Ihre Anne und das kleine Baby sind in großer Gefahr. Das kleine Baby wurde bereits auf die Intensivstation für Frühgeborene verlegt. Gülçin und ihr Vater haben es nicht einmal ansehen können. „Es ist ein Junge“, hatte ein vorbeieilender Kinderarzt gesagt, „es geht ihm den Umständen entsprechend gut.“

Seit Stunden versuchen die Ärzte hinter den Operationssaaltüren, das Leben von Gülçins Mutter zu retten. Doch irgendwann geht die Tür dann auf. Ein verschwitzter Mann im grünen Operations-Kittel tritt auf sie zu. Er nimmt seinen Mundschutz ab. Da erkennt Gülçin ihn wieder. Das ist doch der Mann mit dem Telefon, der vorhin auf dem Kirchplatz neben den Eltern von Matteo stand. Svens Vater erwidert Gülçins erstaunten Blick mit einem freundlichen Lächeln und spricht dann ihren Baba an: „Sind Sie der Ehemann von Frau Cengiz? Mein Name ist Mertens, ich bin der Chefarzt der gynäkologischen Abteilung. Wir haben gerade Ihre Frau operiert. Sie hat großes Glück gehabt und schwebt nicht mehr in Lebensgefahr, muss aber noch einige Zeit auf der Intensivstation bleiben, es gab Komplikationen …" Den Rest versteht Gülçin nicht. Sie hat auch keine Kraft mehr. Ihre Knie werden weich, völlig erschöpft und erleichtert greift sie nach der zitternden Hand ihres Vaters. Allahu akbar. Gott ist unvergleichlich groß.

VERABREDUNGEN

DER ERSTE SCHULTAG nach den Ferien. Es klingelt zur Pause und die Schüler der Grundschule Süd strömen eilig aus ihren Klassenzimmern auf den Schulhof. Nur Anna trottet hinterher und setzt sich etwas abseits auf eine Treppenstufe. Dann packt sie ihr Pausenbrot aus und kaut lustlos darauf rum. Fast unbemerkt schielt sie zu Paula hinüber. „Dieser blöde Arm ist schuld, warum musste ich ihn mir nur brechen", denkt sie, „wenn ich nur auch mitgekommen wäre auf die Kinderfreizeit. Dann wäre ich jetzt noch Paulas beste Freundin."

Aber Paula bemerkt sie auch heute Morgen wieder nicht. Die steht zusammen mit Matteo und Sven am großen Baum in der Mitte des Schulhofs.

„Hast du sie schon gesehen?"

Paula schüttelt den Kopf und spielt an ihrem Freundschaftsbändchen herum: „Nein, Sven. Sie müsste doch eigentlich bei den anderen Kindern aus der 4a sein."

Matteo reckt den Kopf: „Ich kann sie auch nicht sehen. Hat sie denn überhaupt mit den anderen schon mal Gruppentischtennis gespielt?"

„Ich weiß nicht, aber ich glaub schon. Die spielen doch schon seit der ersten Klasse in jeder Pause alle miteinander Gruppentischtennis", meint Paula achselzuckend.

„Ich würde da eigentlich auch ganz gerne mal mitspielen, das macht sicher Spaß mit allen aus der Klasse. Man muss immer so um die Platte rumrennen und warten, bis man wieder drankommt."

„Sven, du wolltest doch nach Gülçin Ausschau halten", stößt Paula ihn mit dem Ellenbogen an.

„Ich mein ja nur. Die sind irgendwie eine richtig tolle Klasse, bei uns gibt's so was nicht. Bei uns spielen die Jungs immer nur wie bescheuert Fußball und ihr Mädchen spielt Gummitwist oder steckt die Köpfe zusammen und kichert blöde."

Matteo straft Sven mit einem verächtlichen Blick. Ein Junge, der kein Fußball mag, ist für ihn kein richtiger Junge. Obwohl er Sven ja trotzdem ganz gerne mag.

„Vielleicht sollten wir doch mal Frau Winkler fragen. Die ist doch jetzt Klassenlehrerin von der 4a. Was meint ihr?", Paula schaut die Jungs fragend an.

Dann stecken sie die Köpfe zusammen und diskutieren und zählen schließlich aus, wer Frau Winkler fragen muss.

Anna sitzt immer noch auf der Treppe und schaut verstohlen auf die drei unterm Baum. Früher hat sie jede Pause mit Paula verbracht. Sie denkt an den letzten Samstag und wie sehr sie sich auf Paula gefreut hat und dann mit ansehen musste, wie Paula dieses doofe Mädchen umarmt hat. Und das Mädchen hatte auch so ein Freundschaftsbändchen ums Handgelenk, wie Paula, Matteo und Sven es heute immer noch tragen. Das hat sie genau beobachtet. Bei Matteo und Sven findet sie das nicht ganz so schlimm. Matteo ist zwar frech, aber seit der Kommunionvorbereitung findet sie ihn nicht mehr ganz so schrecklich, und Sven, den

sie ja wirklich immer superdoof fand, hat sie schließlich aus der Sakristei gerettet. Aber dieses fremde
Mädchen. Immerhin steht die ja heute nicht auch
noch bei Paula. All das geht Anna durch den Kopf,
während sie auf der Treppe sitzt und es wieder einmal
in ihrem Bauch kribbelt. Erschrocken schaut sie auf
die große Uhr über dem Schulportal. Die Pause ist
bald um.

„Los, Anna", spricht sie sich selbst Mut zu, „geh
jetzt einfach rüber und sag ‚Hallo'." Gar nicht so
leicht, wenn es einem im Bauch kribbelt, doch schließlich geht sie rüber zu den dreien.

„Hallo", sagt sie schüchtern.

Alle drei blicken auf und ganz unerwartet strahlt Paula sie an: „Hallo, Anna."

„Ciao, Anna, alles klar bei dir?", lächelt jetzt auch Matteo sie an.

Und dann kommt auch noch Sven auf sie zu und fragt: „Hey, wie geht's deinem Arm?"

„Danke, geht so", druckst Anna ein bisschen rum, nimmt dann aber all ihren Mut zusammen und stottert los: „Ich, ich wollte einfach fragen, ob ich bei euch mitmachen kann."

Die drei schauen sich fragend an.

„Bei was denn mitmachen?"

„Ich weiß nicht, ihr seid ja jetzt alle beste Freunde geworden, seit der Ferienfreizeit. Also, ich wollte sagen, dass ich vorgestern ziemlich zickig war, glaube ich."

Da hakt Paula sich versöhnlich bei Anna unter: „Was war denn eigentlich los mit dir? Ich habe mich so gefreut, dass du mich abholst, aber dann hast du die ganze Zeit kein Wort mit mir geredet?"

„Ich weiß auch nicht, ich mag nicht drüber reden", blockt Anna und schaut etwas trotzig vor sich auf den Boden.

„Wenn du bei uns mitmachen willst, dann musst du aber schon auch mit uns reden. Mehr machen wir nämlich eigentlich auch nicht", wendet Matteo ein und versucht dabei, auf einem Bein stehen zu bleiben.

„Ich kann schon verstehen, dass es ihr die Sprache verschlagen hat", meint Sven, und ein kleines bisschen Stolz schwingt jetzt in seiner Stimme mit, als er sagt: „Stellt euch vor, ich hätte sie nicht gefunden, dann wäre Anna heute immer noch da drin eingesperrt."

Matteo grinst: „Ganz so schlimm wäre das auch nicht. Schließlich gibt es da kleine Brotoblaten, Wasser und ein Klo. Und einen Jesus, der auf sie aufpasst."

„Ärgere sie doch nicht auch noch, Matteo!", ergreift jetzt auch Paula Partei für Anna.

„Außerdem wäre gestern Morgen eh Gottesdienst gewesen. Wo wart ihr da eigentlich?", schaut Matteo die beiden Mädchen mit zusammengekniffenen Augen an. „Ihr seid mir ja schöne Kommunionkinder. Kaum ist die Erstkommunion vorbei, kommt ihr schon nicht mehr regelmäßig in die Kirche …"

Sven macht eine abschätzige Handbewegung: „Also ich habe gestern Morgen mein neues Computerspiel ausprobiert, das war bestimmt spannender als das Georgel in eurer Kirche."

„Auf der Ferienfreizeit hat es dir doch noch ganz gut gefallen, Sven. Also ich finde: Lieber mit der ganzen Familie beim Georgel als alleine dumpf vor sich hin dudeln. Piep, piep, bumm, piep, piep, bumm, krawumm", Matteo geht leicht in die Knie und tut so, als würde er gebannt auf einen Bildschirm starren.

Da knufft ihn Sven in die Seite, sodass Matteo beinahe das Gleichgewicht verliert. „Du bist ja nur neidisch, weil du dir keine leisten kannst."

Bevor Matteo zurückschubsen kann, geht Paula energisch dazwischen: „Jetzt streitet euch doch nicht schon wieder, das geht mir langsam auf die Nerven."

„Jedenfalls vielen Dank, Sven, dass du mich gerettet hast. Ich weiß wirklich nicht, was ich ohne dich gemacht hätte", meldet sich Anna zu Wort und schaut dann rasch wieder auf ihre Schuhspitzen, irgendwie ist ihr das immer noch alles ziemlich peinlich.

Aber Sven winkt ab: „Kein Problem, Anna!"

„Sven der Superheld, rettet die zickige Anna aus größter Not. Täterätä."

„Jetzt halt doch endlich mal die Klappe, Matteo", sagt Paula schroff.

„Hat sie doch selbst gesagt, die Anna, dass sie zickig war", mault Matteo zurück, der gerade Kai entdeckt hat: „Oh, da kommt ja Kai. Noch so ein Anna-Fan. Ciao, Kai, gehen wir Fußball spielen? Ich habe keine Lust mehr, hier dumm rumzustehen."

Kai hat die vier schon längere Zeit beobachtet. Seit ein paar Monaten kraxelt Kai in den Pausen und auch sonst oft auf Klettergerüsten herum. Von dort oben hat er einen guten Blick und kann viel beobachten, ohne dass man ihn bemerkt. Doch heute war er gar nicht klettern. Er hat ein Buch unter dem Arm, das er jetzt Anna entgegenstreckt: „Ich wollte nur Anna ihr

Freundschaftsbuch wiedergeben und dann lieber ein wenig klettern gehen."

Anna freut sich und nimmt Kai das Buch aus der Hand: „Das ist ja super, bist du schon fertig? Jetzt lauf doch nicht gleich wieder weg. Darf ich den anderen zeigen, was du für mich gemalt hast?"

„Lieber nicht", jetzt ist es Kai, der auf seine Füße schaut, die eigentlich lieber weglaufen wollen.

Paula stupst ihn mit dem Ellenbogen an: „Ach komm schon, Kai, lass mal sehen, bestimmt hast du was Schönes gezeichnet, das kannst du doch so gut."

Kai druckst ein wenig herum: „Also gut, meinetwegen."

Alle beugen sich über das Buch, und als Anna Kais Seite aufschlägt, platzt Sven heraus: „Wow, das ist ja

mal ein richtig cooles Baumhaus, so eins habe ich ja noch nie gesehen."

„Ganz so cool ist es nicht und auch überhaupt noch nicht fertig", bemerkt Kai schüchtern.

Auch Matteo schaut Kai anerkennend an: „Wieso? Das ist doch total perfekt gemalt."

„Kai meint sein echtes Baumhaus, das er zusammen mit seinem Opa angefangen hat zu bauen", erklärt Anna und klappt ihr Freundschaftsbuch schnell wieder zu, weil sie nicht möchte, dass die anderen lesen, was Kai geschrieben hat. „Aber Kais Opa ist ja jetzt tot."

Sven ist ganz aufgeregt: „Ich würde es sehr gerne mal sehen. Matteo bestimmt auch, oder? Geht das?"

„Au ja, bitte, Kai", drängen ihn jetzt auch die beiden Mädchen.

Damit hat Kai nicht gerechnet. „Wenn es euch wirklich so sehr interessiert", erwidert Kai und ist von seinen eigenem Vorschlag überrascht, „dann treffen wir uns doch einfach um 16.00 Uhr mit den Fahrrädern vor der evangelischen Johanneskirche. Von da aus ist es nicht mehr weit bis zum Gartengrundstück von meinem Opa."

„In der Gegend kenne ich mich überhaupt nicht aus. Holst du mich ab, Sven?"

„Klar Matteo, auf gute Freunde ist Verlass."

Kai fällt noch was ein: „Und was ist mit dir, Anna? Du kannst doch mit deinem gebrochenen Arm gar nicht Fahrrad fahren."

Alle schauen Anna an.

„Stimmt, meine Eltern würden das auch bestimmt nicht erlauben."

Doch Paula hat die rettende Idee: „Ich hole dich einfach eine Stunde früher ab und wir fahren die vier Stationen mit dem Bus bis zum Friedhof und gehen dann zu Fuß weiter. Gemeinsam finden wir das hoffentlich noch. Wenn du magst, kann ich dir auf dem Weg ja alles von der Kinderfreizeit erzählen."

Die fünf sind sich einig. Als die Pausenglocke schon zum zweiten Mal läutet, merken sie erst, dass alle anderen Schüler schon längst wieder ins Schulhaus zurückgegangen sind.

„Wer als Erstes an der Klassenzimmertür ist", ruft Matteo und wetzt voraus, Sven und Kai jagen ihm hinterher.

Anna ist glücklich, dass sie sich getraut hat, Paula und die anderen anzusprechen. Arm in Arm geht sie mit Paula ins Klassenzimmer zurück. Jetzt ist auch ihr Kribbeln im Bauch wieder verschwunden.

DIE BAUMHAUS-
BANDE

DAS GARTENGRUNDSTÜCK von Kais Opa liegt inmitten einer großen Kleingartenanlage neben den Eisenbahngleisen am Rande der Stadt. Abgesehen von ein paar Güterzügen, die eher selten und wenn, dann nachts auf dieser Nebenstrecke vorbeidonnern, ist es sehr ruhig. Im vorderen Teil der Anlage wirkt alles noch übersichtlich. Die Grundstücke sind überschaubar klein, ebenso die Hecken und Zäune. Auch die Bäume sind erst frisch gesetzt und kaum zwei Meter hoch. Hier und da arbeitet jemand in seinem Garten: gräbt Erde um, schneidet an einer Hecke oder döst einfach auf dem Plastikstuhl vor einem kleinen Gartenhaus in der Sonne.

Manche Leute grüßen Kai und seine beiden Schulkameraden freundlich, andere nehmen gar keine Notiz von ihnen. Je tiefer sie in die weitverzweigte Anlage eindringen, desto höher werden die Hecken, desto älter der Baumbestand. Hier merkt man, wenn überhaupt, nur noch an den Geräuschen, dass sich Leute in den Gärten aufhalten – oder Tiere? Gerade eben wäre Sven vor Schreck fast vom Fahrrad gefallen, weil plötzlich von links ein riesiger schwarzer Hund mit mächtigen Sprüngen bellend auf ihn zugerast kam, sich kurz vor dem Maschendrahtzaun wie von Geisterhand gezogen auf den Hinterbeinen aufgebaut hat und mit beiden Vorderklauen wild nach ihnen gefuchtelt und die Zähne gefletscht hat. Gut, dass der an eine Kette gelegt ist, mit dem scheint nicht zu spaßen. So ganz geheuer ist es Sven und Matteo nicht in den labyrinthisch vielen engen, dunklen Sträuchergängen, wo man nicht weiß, was einen hinter der nächsten Biegung erwartet. Allein der Weg zum Baumhaus kommt Sven schon wie ein richtiges Abenteuer vor. Vor einer massiven, in Reste einer alten Steinmauer eingelassenen Holztür zwischen hohen Thujahecken hält Kai an und sie steigen von ihren Fahrrädern ab. Kai schließt mit einem kantigen Schlüssel das rostige Vorhängeschloss auf und lässt Matteo und Sven den Vortritt. Vor ihnen eröffnet sich ein herrlicher wild wuchernder Garten mit einer kleinen Obstbaumwiese, auf der jeweils zwei Kirsch-, Apfel- und Pflaumenbäume stehen, sodass man den ganzen Sommer über Früchte ernten könnte. Auf der linken Seite verwildert ein Gemüsegarten neben einem kleinen Holzgartenhaus mit einer einladenden Sitzbank und einem hohen rostigen Fahnenmast ohne Fahne. Rechts plätschert in vielen kleinen Windungen ein fröhlicher Bach, über den eine ziemlich morsche Holzbrücke führt. Mit etwas Anlauf könnte man aber auch einfach drüberhüpfen, um an das andere Ufer zu gelangen, wo sich die von üppig wuchernden Beerensträuchern umsäumte Blumenwiese anschließt, mit einer mächtigen alten Eiche in der Mitte, an der eine Strickleiter herunterbaumelt. Kurzum, hinter dem massiven Gartentor erwartete sie ein kleines Paradies.

Der Bus hält an der Bushaltestelle beim Friedhof. Paula und Anna steigen aus. Annas Mutter war gar nicht begeistert von der Idee, dass sich ihre Tochter und Paula mit dem Bus und dann zu Fuß auf den Weg zur Gartenanlage an den Bahngleisen machen wollten, aber am Ende hat sie doch zugestimmt.

„Oh je, ich weiß gar nicht mehr richtig, wo es jetzt langgeht", meint Paula etwas verunsichert. Sie war ja erst einmal hier und das ist schon eine längere Zeit her.

„Kein Problem", meint Anna, „da hinten beim Parkplatz führt ein breiter Kiesweg direkt zum Haupteingang. Aber ich weiß noch einen kleinen Trampelpfad gleich hier entlang der Friedhofsmauer, dann müssen wir nicht an diesem angeketteten riesigen schwarzen Hund vorbeischleichen."

„Wieso kennst du dich hier so gut aus?", fragt Paula erstaunt.

„Ich kenne Kai doch schon seit der Kinderkrabbelgruppe. Früher waren wir oft hier mit Kais Großeltern und haben miteinander gespielt. Einmal hatte Kais Opa die ganze Kindergruppe mit Eltern und Erzieherinnen zum Grillen eingeladen. Aber das ist schon eine ganze Weile her. Erst starb seine Oma, jetzt ist auch noch der Opa tot, die liegen beide hier auf dem Friedhof."

„Komm, lass uns etwas schneller gehen und über etwas anderes sprechen", bittet Paula und hakt sich bei

Annas gesundem Arm ein, auch weil sie gerade an ihren Opa Gerd denken muss, der hoffentlich noch lange lebt.

„Du wolltest mir doch noch mehr von der Ferienfreizeit erzählen", erinnert sich Anna und Paula ist froh, dass sie den Rest des schmalen dunklen Weges entlang der Friedhofsmauer und zwischen den immer höher werdenden Gartenhecken über etwas Schönes reden können.

Schließlich kommen die beiden ohne Schrecken an der großen Holztür an und sind doch etwas erleichtert, dass sie die drei Fahrräder der Jungs an der Steinmauer angelehnt sehen.

„Hey, da seid ihr ja, wir haben euch schon von Weitem gehört, kommt doch hoch", ruft es aus dem dicht belaubten Baum hinter dem Bach.

„Leichter gesagt als getan", denkt Anna. Ihre Mutter würde die Krise bekommen, wenn sie mit ansehen müsste, wie ihre Tochter mit ihrem gebrochenen Arm zuerst über einen Bach hüpft und sich dann auch noch eine Strickleiter hochhievt.

„Jetzt helft doch mal", ruft Paula in den Baum hinein, während sie Anna irgendwie von hinten stützt, damit sie nicht abrutscht.

Da springt Matteo vom Baum herunter und zieht die schwankende Strickleiter von unten mit beiden Händen und voller Kraft herunter, damit sie nicht mehr so wackelt.

„Du musst dich mit deinem steifen Arm Stufe für Stufe einhängen und dann mit dem freien Arm eine Sprosse höher greifen", erklärt Kai mit fachmännischem Blick von oben herab.

„Oh Gott, hoffentlich geht das gut", murmelt Sven nur und hält sich da lieber ganz raus. Er ist froh, dass er das wacklige Ding mit zwei gesunden Armen überhaupt hochgekommen ist. Seitdem sitzt er etwas verkrampft, aber glücklich auf einer befestigten Holzplanke und rührt sich schlicht nicht mehr vom Fleck. Trotzdem, seit er sich erinnern kann, hat er sich noch nirgendwo so wohlgefühlt. Dabei ist er mit seinen Eltern schon an vielen schönen Urlaubsorten gewesen. Zweimal sind sie sogar mit dem Flugzeug geflogen. Aber das hier oben in der alten Eiche ist wirklich unschlagbar.

„Super, du hast es geschafft, Anna. Das ist wirklich eine starke Leistung", findet Sven.

„Jetzt mach ihr lieber mal Platz, Sven, sonst fällt sie noch vom Baum und bricht sich wieder was", fordert Kai ihn besorgt auf.

Zitternd ertastet Svens Arm den Ast über sich, dann rutscht er noch ein klitzekleines bisschen weiter nach außen: „Könnte man wirklich noch ein bisschen stabiler bauen, die Hütte, was meinst du, Anna?"

„Ich bin jetzt erst mal froh, dass ich es bis hier hoch geschafft habe. Mensch, ist das toll hier oben", staunt sie. Aber etwas wacklig findet sie es auch.

Gemeinsam überlegen sie und Sven, wie man das Baumhaus noch etwas stabiler bauen könnte und welche Alternative es zum mühsamen Aufstieg über die wacklige Strickleiter gibt. Matteo, Kai und Paula sind noch höher in den Baum hineingeklettert und spielen „wilde Affenbande" in der Baumkrone. Dabei klettern sie ziemlich gewagt von Ast zu Ast, brüllen unentwegt „U-U-U-U" und schneiden wilde Grimassen.

„Ganz schön kindisch", meint Sven mit einem Seitenblick auf Anna, die gerade Kai bewundert, wie gut er klettern kann.

„Finde ich auch", antwortet sie, dabei würde sie am liebsten mitspielen.

Nach einer Weile hat sich die Affenbande ausgetobt, heiser geschrien und sich die eine oder andere Schramme an Beinen und Armen geholt, sodass sie jetzt wirklich wild aussehen. Ziemlich außer Puste gesellen sie sich zu den beiden im Baumhaus.

„Schade, dass Gülçin nicht dabei sein kann. Ich muss die ganze Zeit schon an sie denken, das Herumtoben im Baum hätte ihr sicher auch Spaß gemacht. Hast du eigentlich noch mit Frau Winkler gesprochen?", wendet sich Paula an Matteo.

„Die hat mir nur verraten, dass Gülçin die ganze Woche krankgemeldet ist. Dabei war sie doch auf der Rückfahrt noch topfit. Du wolltest doch gleich nach der Schule mal bei ihr anrufen!"

„Das habe ich auch versucht, aber es war gar nicht so leicht. Ich habe nämlich ihre Telefonnummer gar nicht und an ihren Nachnamen konnte ich mich auch nicht mehr erinnern. Meine Mutter hat dann im Pfarrbüro angerufen, weil sie ja bei der Freizeit angemeldet sein muss. Die durften ihr nur den Nachnamen sagen und als wir dann endlich eine Nummer im Internet gefunden haben, war dauernd besetzt", führt Paula aus.

Annas Miene verfinstert sich wieder ein wenig. „Na, die muss ja was ganz Besonderes sein, dass du dir so viel Mühe machst", grummelt sie leise vor sich hin und schaukelt mit den Beinen.

Die anderen gehen gar nicht darauf ein, denn jetzt hat Sven eine ziemlich gute Idee: „Wir könnten ihr doch zusammen einen Brief schreiben und ihr vom Baumhaus erzählen. Und dann fragt Matteo am Montag ihre Klassenlehrerin nach der Adresse."

„Frag doch selbst, ich hab die doch gestern schon gefragt", meint Matteo, der keine Lust hat, wieder zu dieser mittelnetten Frau Winkler zu gehen.

„Kein Problem, ich mach das", entlastet ihn Paula. „Sven, du hast doch sicher Papier und Stift dabei, dann können wir gleich hier schon zusammen den Brief schreiben und ich schreibe ihn zu Hause nochmal schön ab."

„Klar hab ich Papier und Stifte dabei, aber in meinem Rucksack und der ist ganz tief da unten …"

Matteo schwingt sich schon zur Hängeleiter, da meldet sich Anna hektisch zu Wort: „Ich finde, ihr müsst erst mal Kai fragen, ob er überhaupt einverstanden ist, dass noch jemand von dem Baumhaus erfährt."

„Also für mich ist das o. k., ich kenne sie zwar nicht, aber wenn Sven, Matteo und Paula sie so nett finden, habe ich nichts dagegen."

Anna lässt nicht locker: „Hier oben ist doch auch gar kein Platz mehr."

„Dann müssten wir halt ein bisschen weiterbauen. Du und Sven, ihr habt doch vorhin darüber gesprochen", grinst Matteo sie an und klettert die Strickleiter runter, um den Rucksack zu holen.

Sven nickt: „Ich hätte da schon ein paar Ideen, wir könnten zum Beispiel ..."

Doch Anna unterbricht Sven und wird ganz schnippisch: „Aber vielleicht will die gar nicht zu uns gehören oder sie darf nicht, weil die ja Türkin ist, wie Paula mir erzählt hat."

Paula tippt Anna versehentlich an ihrem rechten Arm an: „Anna, jetzt ist es wieder so weit!"

„Aua! Was ist denn?"

„Du hast mich doch gerade auf dem Hinweg gebeten, ich soll dir Bescheid sagen, wenn du wieder anfängst, zickig zu sein."

„Ich mein ja nur", schmollt Anna und reibt sich theatralisch den rechten Arm, „ich glaub, ich will jetzt nach Hause."

„Was soll das denn jetzt, wir sind doch noch gar nicht so lange hier", schimpft Paula.

Kai hat Anna die ganze Zeit beobachtet und versucht zu vermitteln: „Anna meint wahrscheinlich nur, dass du, Paula, die Gülçin jetzt viel lieber magst als sie."

Da taucht Matteo mit Svens und seinem eigenen Rucksack von unten auf: „Also, wenn du mich jetzt fragst, da ist was dran, Kai."

„Dich fragt aber jetzt keiner", patzt Paula ihn an.

Dann sagt erst mal niemand mehr etwas. Sven kramt in seinem Rucksack, Anna stiert vor sich hin und rupft einzelne Blätter von einem Zweig, Matteo schaukelt mit der Hängeleiter und Kai schaut in den blauen Himmel über ihnen.

Da steht Paula plötzlich entschieden auf, sodass die ganze Hütte bedrohlich schwankt, und zieht zwei Freundschaftsbändchen aus ihrer Hosentasche. „Können wir denn nicht einfach alle zusammen gute Freunde sein?", sagt sie in die angespannte Stille hinein. „Hier, Anna, das hab ich am letzten Abend der Ferienfreizeit für dich gemacht und das andere heute Mittag nach der Schule für dich, Kai."

Die Stimmung ist gerettet. Noch besser wird sie, als Kai auf die Idee kommt, einen kleinen Eimer Himbeeren zu sammeln, Paula aus dem Wasserhahn bei der Holzhütte eine Wasserflasche auffüllt und Matteo plötzlich noch die Tüte mit den leckeren selbst gebackenen Mandelkeksen von seiner Mutter in seinem Rucksack entdeckt.

Und da sitzen sie nun alle zusammen oben im Baumhaus und knabbern mit rot verschmierten Himbeermündern wie die Eichhörnchen an ihren Mandelkeksen. Dann überlegen sie gemeinsam, was sie Gülçin schreiben wollen.

„Pst, seid mal leise", flüstert Sven auf einmal ganz aufgeregt, „ich habe da gerade was rascheln und quietschen gehört."

„Hoffentlich ist das nicht dieser schwarze Riesenköter", raunt Matteo halb im Spaß, halb im Ernst.

„Keine Angst, der käme wenigstens nicht die Strickleiter hoch", zwinkert Kai Sven zu.

„Mein Gott, jetzt seid doch mal still, da kommt wirklich irgendetwas auf uns zu."

Und tatsächlich: „Na, ihr Baumhaus-Bande, da oben steckt ihr ja alle", ruft ihnen eine freundliche Männerstimme zu. Es ist Annas Vater. Er hatte sich Sorgen um Anna und ihren verletzten Arm gemacht und ist mit dem Auto gekommen, um Anna und Paula abzuholen, außerdem ist ja morgen wieder Schule. Auch die Jungs packen ihre Sachen zusammen und begleiten die Mädchen und Annas Vater auf dem Hauptweg, am gruseligen Riesenköter vorbei bis zum Parkplatz. Unterwegs diskutieren die fünf, ob und welchen Namen sie sich denn geben könnten. Matteo findet „Affenbande" am besten, aber Sven und Anna ist das zu affig. Schließlich einigen sie sich auf „Baumhaus-Bande". Vergnügt und auch ein wenig stolz, ab heute zu einer richtigen Bande zu gehören, fahren alle nach Hause.

UNENTSCHIEDEN

DIE ERSTE SCHULWOCHE nach den Ferien ist schnell vergangen. Obwohl Freitag ist, haben Matteo, Anna, Paula und auch Kai nach der Schule nicht frei, sondern wichtige Termine.

Freitagstermine.

Unentschlossen blickt Matteo zwischen seiner Sporttasche in der Ecke und dem aufgeklebten Zettel mit den Ministrantenstunden-Terminen an der Zimmertür hin und her. Am liebsten möchte er jetzt zum Fußballtraining gehen. Wer mittwochs und freitags regelmäßig ins Training kommt, wird in der Mannschaft aufgestellt und darf am Wochenende gegen einen anderen Verein aus der Liga spielen. Matteo schaut stolz auf die Urkunden und die Ablage mit den kleinen Pokalen, die er sich in einer Ecke des Zimmers aufgebaut hat. Er ist sogar so gut im Fußball, dass sein Trainer in der letzten Saison bei ihm eine Ausnahme gemacht hat. Matteo wurde aufgestellt, obwohl er freitags immer in seiner Kindergruppenstunde auf dem Kommunionweg war. Viele Kinder und auch deren Eltern fanden das ungerecht, aber beim Sport ist es nun mal oft so, dass nur für die Besten besondere Regeln gelten. „Matteo ist einfach der Beste", hat sein Trainer jedem geantwortet, der sich über die Sonderregel beschwerte. Nach dem Kommunionweg hat Matteo sich zur Ministrantenausbildung angemeldet und die findet auch wieder nur freitags statt. Wenn man der Beste ist, kann man sich das ja erlauben und wird trotzdem aufgestellt.

Aber seit Mittwochnachmittag ist Matteo nicht mehr der Beste. Bei diesem Gedanken wird Matteo ganz furchtbar wütend und tritt mit voller Wucht gegen die Zimmertür, an der der Ministrantenzettel hängt. Vorgestern ist nämlich ein neuer Junge beim Training aufgetaucht. Er heißt Kofi und kommt aus Ghana, einem Land in Afrika. Kofi spricht kaum Deutsch, aber Kofi spielt sensationell Fußball. Das hat Matteo auf den ersten Blick erkannt und Matteos Trainer wohl auch. Klar, dass Matteo jetzt besonders unentschlossen ist und nicht weiß, ob er überhaupt noch weiter zur Ministrantenausbildung oder eben doch zum Fußballtraining gehen soll.

„Wenn ich weiterhin zur Ministrantenausbildung gehe, wird dieser Kofi bestimmt bald meinen Platz in der Turniermannschaft einnehmen", hat er gestern Abend beim Essen seiner Familie erklärt, „aber wenn ich nicht mehr zur Ministrantenausbildung gehe, werde ich vielleicht niemals ministrieren können!"

Den ganzen Abend lang haben sie darüber diskutiert und sind zu keinem Ergebnis gekommen. Seine Mutter und die Zwillinge wären stolz auf ihn, wenn er Ministrant würde, die beiden älteren Brüder waren eher für Fußball. Sein Vater eigentlich auch, aber seine Mutter hat ihm kurz einen bösen Blick zugeworfen, sodass er sich schließlich enthalten hat.

„Also unentschieden!", zählte Matteo gestern Abend schließlich grinsend aus. Als ihn alle kopfschüttelnd anschauten, meinte er frech: „Die Zwillinge zählen nicht doppelt, weil die sowieso immer das Gleiche sagen."

Darüber haben alle gelacht, nur die Zwillinge haben sich schrecklich aufgeregt. Sein Vater musste das Gespräch wieder einmal mit einem „Basta" beenden, sonst wäre es noch zu größeren Tumulten gekommen.

Erschrocken schaut Matteo auf seine Armbanduhr, die er zur Erstkommunion geschenkt bekommen hat. Es ist schon halb fünf. In einer halben Stunde beginnen sein Training und auch die Ministrantenstunde. „Wozu habe ich eigentlich Freunde", fällt es Matteo ein, er greift zum Telefon und fragt zuerst mal Sven um seinen Rat. Der ist ja sonst auch immer so klug.

Sven hätte freitagnachmittags Zeit, sich am Baumhaus zu treffen. Aber einer allein ist noch keine Baumhaus-Bande. Also bleibt er gezwungenermaßen zu Hause, schlimmer noch: Er muss gleich mit seiner Mutter zusammen zum Optiker und sich eine Brille aussuchen. Der Augenarzt hat nämlich festgestellt, dass er tatsächlich nicht so gut sieht.

„Was soll ich denn jetzt machen, Sven, sag schon, ich hab's eilig."

„Lass doch einfach beides sein", rät Sven ihm nicht ganz uneigennützig. „Dann können wir zwei ab jetzt freitags immer etwas zusammen unternehmen. Ich durfte mir gestern nach dem Augenarzttermin ein neues spannendes Computerspiel kaufen …"

„Nein danke, Sven", unterbricht Matteo ihn, „darauf habe ich wirklich am allerwenigsten Lust."

Da sagt Sven gar nichts mehr und legt beleidigt auf.

Matteo denkt nicht länger darüber nach, er braucht jetzt sofort eine Lösung für sein Problem und wählt die Nummer von Kai.

„Ich kann mit diesem Ministrantendienst nicht viel anfangen, deshalb wäre ich eher fürs Fußballspielen", antwortet Kai knapp, „aber ich hab jetzt keine Zeit mehr zu telefonieren, gleich beginnt die Chorprobe im evangelischen Gemeindehaus. Hast du Lust mitzukommen?"

„Ich singe doch schon in einem Kinderchor…", denkt Matteo, und verabschiedet sich freundlich.

Die Zeit arbeitet gegen ihn. Nur noch 20 Minuten.

Paula ist natürlich für die Ministrantenstunde, hat aber dann die Idee, doch einfach mal mit dem Trainer und mit Kathrin, der Oberministrantin, zu reden. Vielleicht haben die eine Idee. Gut gemeint, aber das traut Matteo sich doch nicht, außerdem braucht er jetzt sofort eine Entscheidung.

„Danke, Paula, ich überlege es mir noch", antwortet er und legt ein wenig entmutigt den Hörer auf.

Matteo zögert erst noch ein wenig, bei Gülçin anzurufen, obwohl ihm Paula gerade ihre Nummer gegeben hat. Er hat sie seit der Ferienfreizeit nicht mehr gesehen und gesprochen. Andererseits ist Gülçin eine gute Ratgeberin in schwierigen Fragen, außerdem ist sie unparteiisch, weil sie weder Ministrantin werden will, noch Fußball spielt, noch Junge ist. Bei schwierigen Entscheidungen hilft am besten ein guter Schiri. Aber als er sich endlich überwindet, ihre Nummer zu wählen, geht keiner dran.

Gülçin hat gerade ihren kleinen hübsch bestickten Gebetsteppich wieder zusammengerollt, auf dem sie ihr Pflichtgebet in Richtung Mekka verrichtet hat. Das Telefon lässt sie klingeln. Während des Freitagsgebets geht sie nie ans Telefon.

Jetzt bereitet sie für sich und ihren Vater schon mal den Tee vor.

Heute Morgen war Gülçin das erste Mal wieder in der Schule, aber in der Pause hatte sie ein längeres Gespräch mit ihrer Klassenlehrerin und nach der Schule musste sie sich beeilen, weil ihr Vater auf dem Weg zum Freitagsgebet in der Moschee schon im Auto auf sie gewartet hat, um sie zu Hause abzusetzen. Paula und die anderen hat sie nicht mal gesehen. Dabei wollte sie sich für den lieben Brief der Baumhaus-Bande bedanken. Ihrer Mutter geht es jeden Tag besser, sie hat die Operation gut überstanden und liegt seit gestern wieder auf der normalen Krankenstation. Da konnte Gülçin auch zum ersten Mal das kleine

Baby im Arm halten. Jetzt hat sie also einen kleinen Bruder. Hoffentlich bleibt dann noch genug Zeit für sie übrig. Zurzeit sind ihre Eltern natürlich jeder mit sich und miteinander und mit dem Baby beschäftigt. Gleich wird ihr Vater von der Moschee zurückkommen, dann werden sie gemeinsam einen Tee trinken, um dann wieder ins Krankenhaus zu fahren. Gülçin ist schon ganz aufgeregt.

„Wird Baba erlauben, dass ich mich mit meinen neuen Freunden beim Baumhaus treffe?", fragt sie sich schon den ganzen Tag über.

Begeistert war er nicht, als sie ihm den Baumhaus-Banden-Brief zeigte. „Ich möchte das heute nicht entscheiden, lass uns Freitagnachmittag beim Tee darüber sprechen", hatte er gesagt.

Gülçin deckt schon mal den Tisch.

Matteo gibt nicht auf und wählt sich weiter durch.

„Frag doch mal Jesus, was du tun sollst", rät ihm schließlich Anna, die während des Telefonats wieder einmal auf ihrem Bett sitzt und auf ihr Jesusregal schaut.

„Wie soll das denn gehen, Jesus fragen?", ist Matteo völlig irritiert von Annas Tipp.

„Na, ganz einfach mit ihm sprechen, so wie du jetzt mit mir sprichst."

Matteo glaubt allmählich, dass Anna völlig spinnt. „Jetzt mal im Ernst, Anna, Jesus redet doch nicht."

Anna bleibt ganz cool: „Na, dann nenne es eben beten. Das haben wir doch gelernt in der Kommunionvorbereitung." „Ich bin ja nicht blöd, ich weiß schon, was beten ist. Wir beten abends beim Essen und vor dem Schlafengehen und sonntags bin ich öfter in der Kirche als du, aber das hilft mir doch jetzt nicht bei meiner Entscheidung", erklärt Matteo ungeduldig mit Blick auf die Uhr.

Anna gibt nicht auf: „Probier es doch mal aus. Du hast ja selbst schon ganz viel nachgedacht und deine Eltern und deine Freunde gefragt. Jetzt denke doch einfach mal ganz fest an Jesus und bitte ihn, dir ein Zeichen zu geben, was du tun sollst. Oder lies in deiner Bibel, da spricht Jesus ja auch ganz viel zu seinen Freunden. Vielleicht ist da auch was für dich dabei?"

Matteo ist nicht überzeugt, schon gar nicht vom Vorschlag, in der Bibel nachzulesen: „Die haben da doch kein Fußball gespielt und Ministranten gab es auch keine. Außerdem hat Jesus meistens mit den Erwachsenen gesprochen. Lauter wichtige Dinge und wie man in den Himmel kommt und so. Da geht es doch nie um solche Miniprobleme wie meine."

„Da hast du aber nicht gut zugehört, Matteo. Wir haben doch schon ganz oft gehört, dass Jesus nicht erst im Himmel auf uns wartet, sondern immer bei uns ist, besonders bei den Kindern und bei den Armen. Also mir hat Jesus bei meinen Miniproblemen schon oft geholfen. Ich weiß auch nicht genau, wie er das gemacht hat, aber er hat mir geholfen."

„Ich weiß nicht, ich kann das irgendwie nicht, einfach so an Jesus denken und dann glauben, dass er mich hört. In der Kirche geht das manchmal ganz gut, aber einfach so …?"

„Hast du nicht eine kleine Ecke in deinem Zimmer, wo du deine Kommunionkerze, ein Kreuz oder die Mitbringsel von der Kommuniongruppenstunde aufbewahrst? Damit fällt es mir auch leichter, zu beten."

„Nein, die Kommunionkerze hat meine Mutter für die Firmung eingepackt und die anderen Sachen habe ich wahrscheinlich irgendwo verbummelt oder schon weggeschmissen", gibt Matteo offen zu und schaut etwas beschämt auf seinen kleinen Fußballaltar, den er sich mit den Pokalen, den Sammelbildern und den drei Originalautogrammen seiner italienischen Lieblingsstars zusammengestellt hat.

Jetzt weiß Anna auch nicht mehr weiter: „Dann geh halt vor der Ministrantenstunde in die Kirche und frage Jesus dort. Die ist ja nachmittags meistens offen."

„O.k., danke Anna, ich muss noch mal überlegen. Wir sehen uns, entweder nachher bei der Ministrantenstunde – oder spätestens morgen um drei am Baumhaus. Ciao Anna."

Matteo fand Anna ja schon immer seltsam, aber heute ganz besonders. So zickig, wie die meistens ist, hätte er nie gedacht, dass sie so eng mit Jesus in Kontakt ist. Trotzdem wird er ganz sicher nicht einfach so mittags in die Kirche gehen und dort Jesus fragen, wie er sich entscheiden soll. Erstens kann er sich das immer noch nicht vorstellen, einfach so mit Jesus zu sprechen, zweitens hat der bestimmt keine Ahnung von Fußball und drittens wäre er nicht unparteiisch und würde ihn bestimmt gleich zur Ministrantenstunde dabehalten.

FAST SCHON
WIE IM HIMMEL

EINS, ZWEI, DREI uuund … Platsch.

Huch.

Mist!

Paula hat nicht genügend Anlauf genommen und ist im letzten Moment vor dem Absprung abgerutscht. Da liegt sie nun der Länge nach im plätschernden Bach, der sich durch den Garten vor der Baumhaus-Eiche schlängelt. Kai reicht ihr rasch die Hand und pitschnass krabbelt Paula aus dem Bach.

„Gute Freunde lachen sich nicht aus, schon gar nicht, wenn jemandem ein kleines Unglück passiert!", weiß Matteo, aber es fällt ihm schwer, nicht sofort laut loszulachen, als er Paula so anschaut, wie sie da in ihrem triefenden Sommerkleid verdattert aus der nassen Wäsche guckt.

Alle anderen müssen auch grinsen.

Kritisch mustert Paula der Reihe nach die Gesichter von Kai, Anna, Sven – der mit seiner neuen Brille noch klüger aussieht, als er so schon ist – und dem jetzt doch laut loslachenden Matteo.

Dann streckt Paula ihnen die Zunge raus, reißt die Augen auf und sagt halb im Ernst, halb im Scherz: „Bäh, ihr Blödmänner, das kann doch jedem mal passieren."

Und bevor Matteo „Mir doch nicht!" antworten kann, gibt Kai ihm einen leichten Schubs, sodass er auch ins Wasser fällt. Das lässt Matteo nicht auf sich sitzen, schon gar nicht, dass Sven jetzt lauthals losprustet. Er zieht ihn auch in den Bach ... jedenfalls

dauert es keine zehn Sekunden, bis die fröhliche Baumhaus-Bande mit lautem Kreischen in eine wilde Wasserschlacht verwickelt ist.

Nur Anna mit der Armbinde kann sich noch rechtzeitig aus der Schubslinie retten, steigt aber dann auch in den Bach und spritzt wie wild mit den Füßen mit. Gut, dass es an diesem Samstagnachmittag noch mal so richtig sommerwarm ist, da werden sie schnell wieder trocken. Als alle nass sind, breiten sie eine große Decke auf der Wiese aus.

Nach einer kleinen Weile zeigt Sven den anderen stolz seine Konstruktionszeichnungen für mögliche Brückenbefestigungen und Erweiterungen des Baumhauses.

„Falls Gülçin vielleicht noch kommt, wird es doch ziemlich eng in unserem Baumhaus", meint er.

„Wenn es nach mir ginge, muss die gar nicht dazukommen", denkt Anna, aber das behält sie lieber für sich.

Voller Tatendrang machen sich Sven und Kai auf die Suche nach Holzbrettern, um die kleine Brücke über den Bach auszubessern. Hinter dem Schuppen werden sie fündig, dort liegt auch eine alte, aber stabile Obstbaumleiter, die sie sorgsam mit Sisalstricken an den unteren Ästen der Baumhaus-Eiche vertäuen.

„Für Anna", sagt Kai, als sie den letzten Knoten befestigen.

„Und für mich", denkt Sven.

Annas Arm juckt ziemlich unter dem Gipsverband in der prallen Sonne, deshalb steht sie jetzt auch auf und hilft den beiden, so gut es eben geht. Mit großem Eifer und noch größerem Palaver über das Wie und Was machen sich die drei an die Arbeit an der Brücke.

Matteo hat keine sonderliche Lust zu bauen und bleibt mit der immer noch triefend nassen Paula auf der Decke liegen. Als er bemerkt, dass sie alleine sind, fühlt er sich urplötzlich nicht mehr ganz so wohl und will lieber schnell ins Baumhaus hochklettern.

Zu spät.

Paula spricht ihn direkt darauf an: „Und wie war es beim Training gestern? Kommst du jetzt eigentlich gar nicht mehr zur Ministrantenausbildung? Wir haben dich nämlich vermisst und Kathrin hat gleich nach dir gefragt."

Matteo war gar nicht beim Training. Er war auch nicht bei Jesus in der Kirche. Er konnte sich einfach nicht entscheiden und ist zu Hause geblieben. Hinterher hat er sich über sich selbst geärgert und schließlich noch Ärger mit seiner Mutter bekommen. Aber das will er Paula nicht alles erklären, deshalb bleibt er still. Scheinbar unbekümmert plappert Paula weiter und schaut dabei in den blauen Himmel: „Schade, wenn du jetzt nicht mehr zur Ministrantenausbildung kommst. Gestern hast du viel verpasst. Wir haben noch mal ganz ausführlich die Gabenbereitung mit Wasser und Wein geübt. Ach, und dann hat uns Kathrin noch einen Zettel für unsere Eltern mit dem Termin für die feierliche Ministrantenaufnahme mitgegeben. Die ist nämlich schon in vier Wochen. Ach, und dann war noch was ..." Paula tut jetzt so, als hätte sie es fast vergessen zu erwähnen: „Gestern ist übrigens ein neuer Junge dazugekommen. Er heißt Kofi und kommt aus Ghana. Er spricht noch nicht so gut Deutsch, deshalb hat Kathrin ihn vorgestellt: Kofi sei ein super Fußballspieler und hat sich trotz Fußballtraining für die Ministrantenausbildung entschieden. Na, was sagst du nun?"

Matteo sagt gar nichts mehr, ausnahmsweise hat es ihm die Sprache verschlagen. Er kommt auch gar nicht dazu, zu antworten, und auch nicht zum Nachdenken.

Aus Richtung Gartentor ruft eine lang vermisste Stimme: „Hallo, seid ihr hier in diesem Garten? Hallo, trifft sich hier die Baumhaus-Bande?"

Kai, Sven und Anna haben sie auch gehört und die Jungs rennen in Windeseile zur Gartentür. Nur Anna trottet hinterher, sie kann sich schon fast denken, wer das ist.

Es ist Gülçin. Und sie ist nicht allein. Gleich hinter ihr stehen ihr Lieblingsonkel und ihre Tante. Für Gülçin war es wie eine wunderbare Fügung Allahs, dass

gerade ihre Lieblingsverwandten vor ein paar Jahren genau in dieser Gartenanlage ein kleines Grundstück erworben haben. Keiner, nicht einmal der strenge, laute, ständig dreinredende entfernte Verwandte, den Gülçin nicht leiden kann, konnte etwas dagegen haben, dass sie gelegentlich samstags ihren Onkel und ihre Tante im Garten besucht und dabei „zufällig" auch ihre Freunde aus der Schule trifft. Ihrem Vater war es so auch lieber. Höflich stellt Gülçin ihrem Onkel und ihrer Tante die ganze Baumhaus-Bande vor.

„Und ihr müsst Anna und Kai sein", lächelt sie den beiden freundlich zu. „Ihr habt ja beide auch auf dem Brief unterschrieben und Paula hat mir auf der Ferienfreizeit schon viel von dir erzählt, Anna."

Das freut Anna, dass Paula von ihr erzählt hat. Alle geben den Verwandten artig die Hand. Nachdem diese überzeugt sind, dass die Baumhaus-Bande ein guter Umgang für ihre Nichte ist, verabschieden sie sich und überlassen die Kinder sich selbst und einem Picknick-korb voller selbst gemachter Köstlichkeiten.

„Um sechs holen wir dich wieder ab, bis nachher", verabschieden sich Gülçins Onkel und Tante. Alle winken, dann schließt Kai hinter ihnen wieder die schwere Gartentür zu.

Ausgelassen stürmen sie mit Gülçin über die neu befestigte Brücke und die neue stabile Leiter hinauf zum Baumhaus. Es gibt viel zu erzählen und alle haben auf einmal Hunger.

Matteo und Kai haben ihre Mühe, den schweren Picknickkorb hochzuwuchten.

Da sitzen sie nun, ganz eng gequetscht, im Baumhaus, schmausen Hähnchennuggets und Fladenbrot, trinken mild gesäuerten Joghurt und plaudern.

Mittendrin sitzt Gülçin und strahlt: „Das ist ja fast wie im Djanna hier."

Alle gucken sie verdutzt an.

„Djanna ist arabisch", lächelt Gülçin sie an.

Sven staunt nicht schlecht und nimmt sich noch ein Hähnchennugget: „Mann, bist du klug, Gülçin, ich dachte, du bist Türkin, jetzt sprichst du auch noch arabisch."

„Nein, ich kann es nur lesen und kenne einzelne Wörter, das hat etwas mit meiner Religion zu tun. Unser heiliges Buch, der Koran, ist auf Arabisch geschrieben. Djanna heißt eigentlich ,Garten', aber auch ,Paradies', weil wir Muslime uns das Paradies wie einen herrlichen Garten vorstellen, der von Bächen durchzogen ist, in denen Milch und Honig fließen. Wunderschöne junge Frauen und Jünglinge servieren dort Früchte und Geflügel. So steht es jedenfalls im Koran."

„Oh mein Gott", schwärmt Sven, „das klingt echt gut, euer Paradies."

Er greift gleich noch mal nach einem Hähnchennugget, aber Paula haut ihm leicht auf die grapschenden Finger: „Du hattest schon fünf, Sven, und Anna erst eins. Also in unserem Djanna wird gerecht geteilt. Bei uns Christen fängt der Himmel nämlich da an, wo es gerecht zugeht."

Kai erinnert sich an den Religionsunterricht bei Pfarrerin Schröder: „So ein Paradiesgarten wird aber auch bei uns in der Bibel beschrieben, ganz am Anfang, bei Adam und Eva. Nur an die Hähnchennuggets kann ich mich nicht erinnern. Außerdem war da dieser große Baum mit den Äpfeln und der Schlange. Und es waren nur zwei Menschen dort im Paradies und die waren fast nackt."

„Dabei kann es sich nur um Vorfahren von Matteo und Paula gehandelt haben", prustet Sven los und verschluckt sich fast vor Lachen über seinen eigenen Witz.

Matteo findet das diesmal gar nicht so witzig: „Klappe halten, Superhelden-Sven, ich sag nur: Klappe halten, sonst setzt es was."

Kai lässt sich nicht davon abhalten, weiterzuerzählen: „Aber unsere Pfarrerin hat uns im evangelischen Religionsunterricht gesagt, dass nur die Seelen der Verstorbenen zu Gott kommen und die Körper wieder zu Staub werden."

Sven muss schon wieder losalbern: „Also nix mit Hähnchennuggets im Himmel, und was hat man euch im katholischen Religionsunterricht erzählt?"

„Wir glauben auch an die Auferstehung und daran, dass wir im Himmel alle zusammen mit Jesus an einem Tisch sitzen", sagt Paula.

Sven fragt sich, ob er dann mit Brille aufersteht oder ohne. Dann hat er keine Lust mehr, über das Thema zu reden, und fängt wieder an, Matteo zu ärgern: „Da sind dann ja noch mehr Leute am Tisch als bei Matteo zu Hause."

„Ja", kontert Matteo, „und an der Tür hängt ein Bild von dir und ein Schild: ‚Wir müssen leider draußen bleiben'."

„Ihr nervt gerade echt", findet Paula. „Mich interessiert das nämlich. Mal im Ernst, Gülçin, kann man aus eurem Djanna rausfliegen, wenn man sich danebenbenimmt?"

Gülçin überlegt ein bisschen: „Also erst einmal muss man überhaupt reinkommen, das geht nur, wenn man ein guter Muslim ist und alle seine Pflichten erfüllt."

Sven hat jetzt wirklich genug: „Ich wusste, die Sache hat einen Haken. Sagt mal, Leute, wie viele Himmel und Paradiese und Götter gibt es eigentlich da oben, wenn hier jeder was anderes erzählt?"

Jetzt wird Gülçin plötzlich sehr ernst: „Es gibt nur einen Gott, Sven, merk dir das, nur einen Gott."

Paula versucht zu beschwichtigen: „Wir glauben halt alle ein wenig anders an Gott und den Himmel und das Paradies. Wer recht hat und auch wer alles in den Himmel kommt, wird sich erst am Ende rausstellen. Das haben wir in der Kommunionvorbereitung gelernt."

„Und wann soll das sein?", möchte Sven jetzt doch noch wissen, der schon viele Weltuntergangsgeschichten gehört und gelesen hat.

„Na, wenn wir zu Gott in den Himmel kommen, so wie mein Opa", ist sich Kai sicher.

Darauf sagt erst mal keiner mehr was und alle essen nachdenklich weiter und denken dabei an Kais Opa.

Matteo wird es plötzlich zu eng im Baumhaus. „Ich geh klettern", murmelt er, steht auf und schwingt sich raus. Immer höher und höher in die Baumkrone hinauf, so hoch es eben geht. Matteo muss jetzt mal in Ruhe nachdenken, ganz viel nachdenken. So viele Gedanken gehen ihm durch den Kopf.

Aber wie seltsam, hier oben im Baumwipfel, so hoch, dass er von hier aus sogar über die Gleise der Bahnstrecke hinweg in die Ferne blicken und die riesige Kleingartenanlage überschauen kann, bis zu den Kirchturmspitzen der Stadt, vergisst er völlig, worüber er eigentlich so sehr nachdenken wollte. Stattdessen beobachtet er minutenlang einen großen Vogel, der über der Anlage kreist, riecht den kräftigen Eichenduft, vermischt mit den Gerüchen gemähten Grases und einem Hauch verglühender Grillkohle, der hier und dort aus den umliegenden Gärten emporsteigt. Er spürt den leichten Wind im Gesicht und lauscht absichtslos den Stimmen und Geräuschen, die vom mächtigen Blattwerk der Eichenkrone gedämpft von unten zu ihm hoch und an ihm vorüber in den Himmel hinaufdringen.

So friedlich und still war es Matteo selten ums Herz und das gefällt ihm, ausgerechnet ihm, Matteo, dem zweitbesten Fußballspieler seines Vereins und künftigen Ministranten der Pfarrkirche Heilige Dreifaltigkeit, der nach seiner Ministrantenausbildung wieder regelmäßig freitags trainiert.

„Bene, das ist die Lösung!", freut sich Matteo und macht sich an den kniffligen Abstieg. Das Baumhaus ist leer. Die anderen haben schon alles aufgeräumt und spielen Verstecken im weitläufigen Garten. Mit einem etwas zu gewagten Sprung landet Matteo auf dem gar nicht so weichen Gras. Als er sich wieder aufrappelt, muss er ein wenig hinken.

Da steht Anna plötzlich neben ihm und flüstert ihm verschwörerisch zu: „Und, hast du da oben mit Gott oder mit Jesus gesprochen?"

„So ähnlich, es war wohl eher der Heilige Geist", antwortet Matteo glücklich. Dann erzählt er Anna, wie er sich entschieden hat.

FLAGGE
ZEIGEN

EINIGE WOCHEN SPÄTER beugt sich Kai in seinem Zimmer über den Schreibtisch. Er hat die Tischplatte ganz frei geräumt und mit Zeitungspapier bedeckt. Mit einem schwarzen Filzstift hat er in Großbuchstaben das Wort „BAUMHAUS-BANDE" auf ein weißes Stofftuch gezeichnet. Jetzt malt er die Buchstaben mit bunten Plakafarben aus. Durch die geschlossene Zimmertür hört er, wie seine Eltern sich mal wieder anbrüllen. Das machen sie in letzter Zeit leider oft. Immer geht es ums Geld.

Seine Eltern haben nicht mehr genug Geld, um die Raten für die kleine Eigentumswohnung zu bezahlen; seit ein paar Monaten hat sein Vater nämlich keine Arbeit mehr. Die Firma, in der sein Vater jahrelang gearbeitet hat, wurde von einer anderen Firma gekauft und dann hat die neue Firma ganz viele Leute entlassen, obwohl die alle fleißig gearbeitet haben. Seine Mutter hat noch Arbeit, aber sie verdient nicht genug – und gestern ist dann auch noch das Auto kaputtgegangen.

„Kein Wunder, dass es so viel Streit und Ungerechtigkeit unter den Erwachsenen gibt. Man muss nur Mal eine Weile aufmerksam am Spielfeldrand stehen oder oben auf einem Klettergerüst sitzen oder hinterm Baum eines Kinderspielplatzes hervorlugen und genau beobachten, wie gemein Kinder sein können", denkt sich Kai, wäscht den Pinsel aus und taucht ihn in die rote Farbe.

Vor zwei Wochen stand er mit der Baumhaus-Bande und vielen anderen am Spielfeldrand. Alle schauten begeistert zu, wie Henry auf Matteo spielte, Matteo zu Kofi passte, Kofi an vier gegnerischen Spielern und Libero Jürgen vorbeidribbelte, Henry und Matteo aufschlossen, Kofi Henry anspielte, der an Matteo weitergab und Matteo dann aufs Tor zielte. Toor! Alle

waren begeistert und rissen die Arme hoch. Aber offenbar hatte nur Kai gesehen, wie der dicke Jürgen aus der gegnerischen Mannschaft während des Torschusses Kofi mit voller Absicht den Ellenbogen in den Bauch gerammt hat, sodass Kofi fast die Luft weggeblieben ist. Selbst der Schiedsrichter hat nichts gemerkt.

Oder kürzlich auf dem Pausenhof. Kai saß wieder mal auf dem Klettergerüst und schaute in der Gegend rum: Die Parallelklasse rannte wieder wie besessen um die Tischtennisplatte herum, nur Gülçin schwatzte abseits mit Sven. Paula, Anna und Matteo übten bei der Treppe zur Turnhalle ministrieren, denn Paula fühlte sich noch nicht so ganz sicher mit den Abläufen. Er sah auch eine ältere Dame, die auf dem Gehsteig gegenüber vorbeigelaufen ist. Die hat empört den Kopf geschüttelt. Es sah auch seltsam aus, als die beiden Mädchen vor Matteo knieten und er über einem unsichtbaren Altar die Arme ausgebreitet hat – Kai muss grinsen, als er jetzt daran denkt. Aber dann beobachtete er noch etwas ganz Gemeines: Olga, Anastasia, Hendrik, Paul und Gökhan machten eklige Grimassen, Affenbewegungen und Grunzlaute in Richtung Kofi, der ganz alleine mit einer Banane in der Hand an der Schulhauswand lehnte.

Oder gestern Abend auf dem Spielplatz im kleinen Park: Kleine süße Geschwisterkinder buddelten im Sandkasten, während ihre Eltern die letzten Sonnenstrahlen des Tages auf der Parkbank genossen. Größere Kinder spielten Räuber und Polizisten. Ältere Jugendliche kauerten gelangweilt bei den abgehalfterten Autoreifen herum, hörten Musik und warteten, bis sie den Spielplatz für sich haben. Neben dem Spielplatz fuhr Kofi mit seinem Fahrrad. Er gehörte zu keiner Gruppe. Stetig drehte er seine Runden mit dem roten Fahrrad, das sein Vater ihm bei der Ankunft in Deutschland gekauft hatte. Auf einmal schrie und schlug Kofi wild um sich und traf dabei ein „Räuber"-Mädchen am Kopf, das sofort laut aufheulte. Und auf einmal stürzte der ganze Spielplatz schimpfend auf ihn ein, sogar die Eltern. Kofi riss sein Fahrrad herum und nahm Reißaus. Hat denn nur

Kai gesehen, dass sich ihm kurz zuvor drei „Räuber"-Kinder in den Weg gestellt haben und spielten, dass sie ihn zwingen wollen, ihnen das Fahrrad zu überlassen? Kofi verstand die Kinder doch nicht. Er hatte Angst. Als ein Junge in seinem Alter plötzlich an seinem Fahrrad zerrte, platzte ihm der Kragen.

Kai jedenfalls hat das alles beobachtet: am Spielfeldrand, vom Klettergerüst auf dem Schulhof aus und als er auf dem Spielplatz hinterm Baum stand, weil er mal musste.

Kai sieht viel, er beobachtet gut – leider fehlt ihm oft der Mut, sich einzumischen, wo es notwendig wäre.

„Auch bei Kofi habe ich mich nicht eingemischt", ärgert er sich wieder einmal über sich selbst, „obwohl ich jedes Mal kurz davor war. Aber genauso ‚jedes Mal' habe ich mich einfach nicht getraut."

Die Fahne ist fertig. Kai betrachtet sein Werk. Seine Eltern streiten sich immer noch. Sobald die Farbe getrocknet ist, rollt er die Baumhaus-Fahne vorsichtig ein und bringt sie zum Baumhaus. „Bestimmt warten die anderen schon vor der verschlossenen Gartentüre auf mich", denkt er, ruft seinen Eltern „Ich geh zum Baumhaus" zu und beeilt sich.

In den letzten Wochen war die Baumhaus-Bande zu einer tollen Truppe zusammengewachsen. Viele wunderbare Spätsommersamstage haben sie miteinander verbracht, haben am Baumhaus gewerkelt, im Matsch geferkelt, Beeren, Äpfel und Pflaumen geerntet und gegessen, bis allen schier schlecht geworden ist. Hin und wieder bekamen sie auch von einzelnen Eltern und Verwandten Besuch. Einmal kam Paulas getrennt lebender Vater dazu und baute zusammen mit Gülçins Lieblingsonkel am Baumhaus, sodass sie nun alle sechs bequem darin Platz fanden. Svens Eltern schauten auch mal vorbei, nachdem sie sich in der Anlage fast verlaufen hätten. Frau Mertens deponierte in der Hütte eine Verbandtasche, während Herr Mertens mit der Baumhaus-Bande einen kurzen Kinder-Erste-Hilfe-Kurs durchführte. Das fand Kai besonders interessant. Zweimal trafen sich sogar Paulas und Annas Mütter mit den kleinen Geschwistern auf der Baumwiese. Er selbst, Matteo, Sven und Gülçin fanden die Kleinen total süß, aber Paula und Anna waren strikt dagegen, dass das jetzt einreißt.

„Die sollen gefälligst auf den Spielplatz gehen, das Baumhaus ist viel zu gefährlich, die Kleinen viel zu laut und überhaupt", fand Anna. Und Paula fand das auch.

Gülçins Eltern hatten bislang noch keine Zeit zu kommen. Wie sollten sie auch? Ihr Vater hatte immer sehr viel Arbeit, ihre Mutter und der kleine Bruder waren immer noch im Krankenhaus – wenn sie sich auch jeden Tag besser fühlten und bestimmt noch in diesem Herbst nach Hause entlassen werden würden. Gülçins freundlicher Onkel und ihre Tante sind fast jeden Samstag in ihrem Gartengrundstück im vorderen Teil der Anlage zugange. Aber sie lassen die Kinder ganz für sich spielen, schauen nur ab und an nach dem Rechten und haben immer was Leckeres zu essen für alle dabei. Einzig Kais Eltern kommen eigentlich fast nie, obwohl ihnen doch seit Opas Tod das Gartengrundstück gehört. Für heute hat sich kein Erwachsener angekündigt.

„Auch gut", findet Kai und klingelt wild mit seiner Fahrradklingel, während er um die Ecke biegt. Die anderen sind schon alle da.

„Na endlich", mault Anna, „wir warten schon ewig hier."

„Wenn du mir geholfen hättest, wäre ich schneller fertig geworden", gibt Kai zurück, zieht eine Grimasse und schließt das verrostete Schloss auf.

Die Baumhaus-Bande stürmt um die Wette zum Baumhaus. Matteo ist mal wieder der Erste. Als alle oben sind, drängt Sven am meisten, obwohl er der Letzte war: „Nun mach schon Kai, zeig sie uns mal."

Aber Kai macht es spannend, ganz langsam holt er die sorgsam zusammengerollte Fahne aus seinem Rucksack und rollt sie auf dem Holzboden aus. Alle bestaunen Kais Kunstwerk und sind ganz begeistert.

„Jetzt fehlt uns nur noch ein richtig cooler Fall", findet Matteo.

Anna versteht nicht: „Was meinst du mit Fall, Matteo? Wir spielen doch nicht Detektive!"

„Aber wir sind doch eine Bande, hier steht es doch jetzt sogar: BAUMHAUS-BANDE", beharrt Matteo und zeigt auf die Fahne auf dem Fußboden.

Sven ahnt, was Matteo meint: „Matteo hat schon recht. Zu einer richtigen Bande gehört auch ab und an ein richtiger Fall, so wie bei den ‚Drei Fragezeichen' oder bei den ‚Fünf Freunden' oder den ‚Vorstadtkrokodilen' oder den Superhelden, die haben auch immer Fälle zu lösen und gefährliche Abenteuer zu bestehen."

Paula findet nicht, dass man als Baumhaus-Bande unbedingt einen Fall oder ein gefährliches Abenteuer braucht: „Wir sind doch gute Freunde und wir haben ein Baumhaus und jetzt haben wir sogar noch eine Fahne. Das reicht doch, um eine Bande zu sein."

„Was tun denn Banden normalerweise so?", fragt Gülçin neugierig.

Sven hat schon einiges über Banden und so gelesen. „Banden sind eigentlich Leute, die ganz eng zusammenhalten und dann meistens etwas anstellen, oft auch etwas Schlimmes, wovor die anderen Leute Angst haben", erklärt er neunmalklug.

„Also bei so was mag ich gar nicht mitmachen", findet Gülçin, „gibt es denn keine Bande, die was Gutes tut?"

Keiner antwortet.

„Da fällt mir ehrlich gesagt auch keine ein", muss selbst Sven zugeben.

„Wir könnten doch so eine Bande sein!", fällt es Kai wie Schuppen von den Augen.

Sven rückt sich die Brille zurecht: „Wie jetzt? Was meinst du denn?"

Und dann berichtet Kai den Freunden ausführlich von seinen Kofi-Beobachtungen der letzten Tage.

Die Freunde sind betroffen von dem, was Kai ihnen erzählt, aber auch ein wenig hilflos. Matteo weiß zwar, dass Kofi ein sehr guter Fußballer ist und dass er dunkelhäutig ist: „Aber ehrlich gesagt hatte ich noch nie was mit dem zu tun, obwohl er bei uns im Verein mitspielt. Und bei der Ministrantenausbildung habe ich auch noch nie mit ihm gesprochen – du, Paula?"

„Ich auch nicht – du, Anna?", gibt Paula die Frage an Anna weiter.

„Ich doch nicht, aber er ist ja auch ein Junge."

Das lässt Kai nicht gelten: „Mit Matteo, Sven und mir sprichst du doch auch und wir sind auch Jungs."

„Aber ihr seid ja auch Deutsche."

„Ich bin Italiener", grinst Matteo.

„Ich bin Türkin", lächelt Gülçin stolz.

„Mein Vater ist Österreicher", ergänzt Paula – und dann müssen alle lachen.

Sven nimmt Anna in Schutz: „Aber ihr sprecht deutsch. Ich glaube, das ist das Problem bei Kofi. Wenn er erst mal deutsch spricht, dann findet er auch Freunde – bis dahin können wir auch nichts machen."

Alle nicken, außer Gülçin: „Der Ärmste. Ich spreche auch deutsch – und zwar schon seit fünf Jahren – trotzdem habe ich erst jetzt deutsche Freunde gefunden."

Anna möchte jetzt endlich die Fahne an der rostigen Fahnenstange vor der Hütte aufhängen. Für sie ist die Sache glasklar: „Also ich finde, Matteo muss sich um Kofi kümmern, schließlich ist Matteo ein Junge, er ist Italiener, er geht mit ihm ins Fußballtraining und ist mit ihm zusammen im Ministrantenunterricht." Ungeduldig steht Anna auf. „Kommt, wir hängen jetzt die Fahne auf", fordert sie die anderen auf und rollt sie schon mal ein wenig zusammen. Alle nicken zustimmend.

Aber für Matteo ist die Sache kein bisschen erledigt. „Ich will gar nicht mit dem befreundet sein", sagt er energisch.

Sven auch nicht, er mag kein Fußball und Ministrant ist er auch nicht: „Wie wäre es mit dir, Anna?"

Anna wehrt vehement ab: „Ich bin zwar Ministrantin, aber ich will auch nicht, vielleicht ist er ja total
doof."

Paula rempelt wieder mal gegen ihren Arm: „Mensch
Anna, geht das schon wieder los!"

Aber diesmal gibt Anna nicht klein bei. Immer muss
Paula alles bestimmen. „Dann sei du doch mit dem
befreundet", meckert sie Paula an, „du bist ja immer
gleich mit allen befreundet, lade ihn doch gleich hier
zu uns ins Baumhaus ein und bastel ihm ein Freundschaftsbändchen."

„Du bist so gemein, Anna!", schreit Paula auf und
reißt ihr die Baumhaus-Fahne aus der Hand, sodass
sie fast zerreißt.

„Hey, zerreißt unsere Baumhaus-Fahne nicht, ich
habe mir so viel Mühe gegeben", meldet sich Kai zu
Wort und schlichtet. „Keiner muss mit Kofi befreundet
sein, wenn er nicht will. Ich hab euch das ja nur erzählt,
weil, ich dachte ja nur", stakst Kai, „vielleicht könnten
wir ihm irgendwie alle zusammen helfen. Als Baumhaus-Bande oder so. Ich alleine trau mich halt nicht."

Da schauen alle etwas beschämt zu Boden. Das ist
ganz schön stark von Kai, dass er zugibt, dass er sich
was nicht traut.

Sven hat als Erster eine Idee, wie man Kofi helfen
könnte: „Wir können ja am Montag nach der Schule

heimlich hinter ihm herschleichen und beobachten, ob was Schlimmes passiert – und dann greifen wir ein."

Anna findet das nicht so gut: „Und wenn er uns bemerkt, wenn wir hinter ihm herschleichen? Das wäre ja peinlich."

„Wir könnten ihm ja auch einfach etwas Gutes tun? Zusammen etwas backen oder was basteln oder so", schlägt Paula vor.

Matteo zuckt mit den Schultern: „Das hilft ihm aber auch nicht, wenn ihm wieder was Schlimmes passiert."

„Dann schreiben wir ihm eben einen Brief, so wie ihr mir einen Brief geschrieben habt", überlegt Gülçin, „und da schreiben wir rein, dass wir die Baumhaus-Bande sind und ihm helfen, wenn er mal in Not gerät."

„Ich weiß ja nicht", wirft Anna skeptisch ein, „wahrscheinlich wäre es doch am besten, er würde uns erst mal näher kennenlernen …"

„Ach, jetzt auf einmal", kann Paula sich nicht verkneifen.

Aber Anna mag sich nicht mehr streiten, sondern endlich die schöne Baumhaus-Fahne aufhängen. Das möchten eigentlich alle, auch deshalb stimmen sie Gülçins Vorschlag zu. Nacheinander klettern sie die Leiter hinunter. Paula und Kai helfen Anna, weil sie immer noch aufpassen muss wegen ihrem gebrochenen Arm. Dann stehen sie etwas ratlos vor der hohen rostigen Fahnenstange vor der Holzhütte und überlegen gemeinsam, wie man die Baumhaus-Banden-Fahne jetzt wohl am besten da hochkriegt. Kai versucht hochzuklettern, rutscht aber nach halber Strecke ab, weil ihn die Kraft verlässt. Matteo schafft es auch nicht. Da pocht es laut an der Gartentüre. Das muss Gülçins freundlicher Onkel sein, der vorbeikommt, um Gülçin abzuholen. Er hat einen kleinen Korb mit Weintrauben mitgebracht und auch schon eine Idee, wie man die Fahne am rostigen Fahnenmast befestigt.

DUNKLE
WOLKEN

AM HIMMEL braut sich etwas zusammen. Ein stürmischer Wind treibt dunkle Wolken übers Land, die Holzläden der Gartenlauben knarzen und klappern. Für heute hat sich die Baumhaus-Bande vorgenommen, den Garten und das Baumhaus winterfest zu machen. Trotz der unwirtlichen Witterung haben sie sich bei der evangelischen Kirche beim Friedhof verabredet. Sven, Matteo und Paula haben Gülçin mit dem Fahrrad abgeholt. Kai wollten sie eigentlich auch abholen, aber es hat ihnen niemand aufgemacht, als sie geklingelt haben. Anna ist wieder mit dem Bus gekommen, sie darf ja immer noch nicht Fahrrad fahren.

„Wo bleibt denn Kai?", fragt Matteo ungeduldig.

„Seltsam", findet Sven, „da lehnt doch sein Fahrrad an der Friedhofsmauer."

Aber niemand antwortet, als sie ihn rufen.

„Vielleicht ist er ja schon vorgegangen", mutmaßt Paula und so machen sich die Freunde ohne Kai zu Fuß auf den Weg, immer dem verschlungenen Trampelpfad entlang der Friedhofsmauer folgend. Es ist schon unheimlich genug heute, sodass keiner Lust auf die Mutprobe hat, am schwarzen Riesenhund vorbeizuschleichen.

„Nicht, dass der sich bei dem Sturm noch von der Kette losmacht", fürchtet Sven im Geheimen. Anna und Paula kennen den Weg. Fröhlich plaudernd stiefeln sie los. Matteo, Paula und Anna erzählen den anderen von ihrer feierlichen Ministrantenaufnahme letzten Sonntag, Gülçin von ihrem kleinen Bruder, der vor einer Woche zusammen mit ihrer Mutter endlich aus dem Krankenhaus entlassen wurde.

Schließlich berichtet Sven stolz, wie er sich gestern in der Pause fast getraut hätte, Kofi vor dem Spott seiner Mitschüler zu bewahren. „Aber dann ist – Gott sei Dank – eine Lehrerin dazugekommen", endet Sven seine Beinahe-Superheldengeschichte. Gülçin grinst.

Als sie sich dem Garten nähern, traut Sven seiner neuen Brille nicht mehr: „Ich sehe unsere Fahne gar nicht." Aber an der Brille liegt es nicht. Die anderen sehen sie auch nicht.

„Hoffentlich ist sie nicht abgerissen", meint Paula.

Vor dem Gartentor angekommen, kippt die Stimmung gänzlich. Das Gartentor ist fest verriegelt.

Matteo rüttelt wie wild am Schloss und ruft nach Kai: „Kai, wir sind's. Bist du schon drin? Mach doch auf, Kai. Hey, Kai, hörst du mich?"

Aber da ist kein Kai weit und breit. Jetzt erst hat Paula etwas entdeckt. Oben an der Tür hängt eine angenagelte Plastiksichthülle, die ein bedrucktes Papier vor der Witterung schützt. Paula liest den anderen mit zitternder Stimme laut vor, was dort geschrieben steht: „Gartengrundstück mit Gartenhütte zu verkaufen, Verhandlungsbasis: 7.500 €." Und dann liest sie noch die Telefonnummer auf den kleinen eingeschnittenen Abrisszetteln vor, die am Papier herunterhängen.

„Das ist doch Kais Nummer", schreit Anna auf.

Gülçin ringt mit den Tränen, Sven hofft immer noch auf einen gemeinen Scherz, Anna und Paula schütteln fassungslos den Kopf. Warum hat Kai denn nichts ge-

sagt? Hat er es überhaupt gewusst? Wo ist der denn nur? In seiner Wut reißt Matteo das Schild von der verriegelten Eichentür. Da fängt es auch noch an zu regnen.

Hier können sie nicht bleiben. Kai scheint verschwunden zu sein. Der Himmel zieht sich immer mehr zu, die wenigen Menschen, die heute in ihren Gärten werkeln, haben sich in ihre Gartenhäuschen zurückgezogen. Gülçins Onkel und Tante sind heute ausnahmsweise auch nicht da, sonst hätten sie bei ihnen Zuflucht suchen können. Also rennen sie zurück zu den Fahrrädern. Der Regen wird stärker, die Kinder rennen immer schneller. Beinahe wäre Anna auf einer glitschigen Wurzel ausgerutscht und hingefallen.

„Ich kann nicht so schnell", ruft sie den anderen hinterher, „ich bin mit dem Fuß umgeknickt."

Paula tröstet sie, Matteo und Sven stützen sie und Gülçin trägt ihren Rucksack. Durchnässt und erschöpft erreichen sie die Bushaltestelle beim Friedhof. Sicher vor dem Regen sitzen sie zusammengequetscht auf der überdachten Wartebank und beratschlagen, wie es jetzt weitergehen soll. Paula und Gülçin frieren und wollen am liebsten nach Hause.

„Ich will auch nach Hause", sagt Anna, und reibt sich mit der linken Hand ihren Knöchel, „aber ich mache mir Sorgen um Kai. Hoffentlich ist ihm nichts passiert."

Matteo stimmt Anna zu und springt auf: „Anna hat recht! Wir müssen unbedingt Kai suchen. Am besten mit den Fahrrädern. Wer kommt mit?"

Paula ist sofort dabei. Sven muss an den schwarzen Riesenköter denken, steht dann aber auch auf.

Gülçin zögert noch: „Dann bleibe ich hier bei Anna sitzen, damit sie nicht alleine ist."

Matteo geht voraus und schließt sein Fahrradschloss auf. Da fällt ihm etwas auf. Er hat sein Rad direkt neben Kais Rad an der Friedhofsmauer angelehnt und bemerkt erst jetzt, dass Kais Rad gar nicht abgeschlossen ist. Aufgeregt kehrt er zu den anderen zurück, die noch im Wartehäuschen sitzen, und berichtet: „Kai hat sein Fahrrad gar nicht abgeschlossen! Er schließt es normalerweise immer ab, er schließt überhaupt immer alles sorgfältig weg."

Sven kombiniert: „Er muss also hier irgendwo in der Nähe sein und es geht ihm nicht gut, sonst hätte er niemals vergessen, sein Fahrrad abzuschließen."

Paula hat eine Idee, wo er sein könnte, die anderen ahnen es auch. Keiner sagt etwas, alle schauen in dieselbe Richtung.

Gülçin bricht das Schweigen: „Tut mir leid, Freunde, da geh ich nicht mit rein, das ist mir jetzt echt zu gruselig.“

Annas Knöchel tut nicht mehr weh, sie möchte am liebsten mit suchen, aber sie bleibt bei Gülçin, damit die nicht alleine ist.

„Danke, Anna“, lächelt Gülçin sie an.

Matteo, Sven und Paula lassen ihre Fahrräder stehen. Etwas zögerlich öffnet Matteo das quietschende Friedhofstor und dann machen sie sich zusammen auf die Suche nach dem Grab von Kais Opa.

Schon seit über einer Stunde kauert Kai vor dem Grab seines Großvaters. Er hat immer noch seinen Fahrradhelm auf. Unzählige Gedanken schießen ihm durch den Kopf. Wut und Verzweiflung mischen sich in seine Klage: Erst stirbt sein geliebter Opa, dann entfernt sich seine beste Freundin Anna immer mehr von ihm, in der Schule und beim Fußball ist er auch eher eine Randfigur, sein Vater hat keine Arbeit mehr und die Eltern streiten sich fast täglich, weil das Geld nicht reicht. Gestern Abend haben sie nun auch noch beschlossen, Opas Gartengrundstück zu verkaufen, weil sie das Geld so dringend brauchen. Ohne das Baumhaus, so fürchtet Kai, ist es nur eine Frage der Zeit, dass sich die Baumhaus-Bande auflöst. Und dann verliert er bestimmt auch bald seine einzigen Freunde. Der liebe Gott, so scheint es ihm, hat ihn verlassen. Selbst der Himmel scheint zu weinen, so sehr regnet es nun.

Die Tränen brechen aus Kai heraus. „Warum bist du jetzt da unten und nicht bei mir, Opa?", schluchzt Kai und schlägt dabei mit der Faust auf die Trittplatte, neben dem verwelkten Blumenschmuck auf dem Grab.

Sanft legt sich eine Hand auf seine Schulter. Kai fährt erschrocken auf und dreht sich um. Entgeistert blickt er in die ernsten Gesichter von Paula, Sven und Matteo. Arm in Arm, ohne ein Wort zu sprechen, kehren sie zur überdachten Bushaltestelle vor der Kirche zurück. Ein Linienbus, aus dem niemand ausgestiegen ist, fährt gerade wieder los. Anna und Gülçin sitzen noch immer auf der Bank. Annas nächster Bus nach Hause kommt erst wieder in einer halben Stunde. Genügend Zeit, um miteinander zu klären, was zu klären ist.

Nachdem Kai ausführlich berichtet hat, warum Opas Gartengrundstück verkauft werden muss, überlegt Sven mit kühlem Kopf, wie man das drohende Unheil noch verhindern könnte.

„Jetzt lasst uns zuerst mal rechnen: 7.500,- € soll das Grundstück kosten. Und wer teilt sich das Geld dann auf?", fragt Sven Kai.

Kai überlegt kurz: „Meine Mutter, meine Tante und mein Onkel."

„O.k., also 7.500 geteilt durch drei. Das macht 2.500,- € für jeden. Wenn wir deine Mutter davon überzeugen könnten, dass sie auf ihren Anteil verzichtet, bleiben nur noch 5.000,- €, die ihr den Verwandten bezahlen müsst. Das geht doch noch. Dann können wir das Baumhaus behalten und Freunde bleiben."

„Aber meine Eltern haben nicht so viel Geld, außerdem ist das Auto kaputtgegangen, wie stellst du dir das vor?", schaut Kai ihn entsetzt an und wird dabei ziemlich wütend.

Sven zuckt verständnislos mit den Schultern: „Dann müsste dein Vater halt mal wieder arbeiten gehen; du hast doch gerade selbst erzählt, dass er nur zu Hause rumsitzt und Bier trinkt. Also meine Eltern …"

Weiter kommt Sven nicht. Ohne Vorwarnung und mit voller Wucht stürzt Kai sich auf Sven und beginnt, wild auf ihn einzuprügeln. Sven ist von dem plötzlichen Angriff völlig überrascht. Er wehrt sich kaum. Da trifft ihn Kais geballte Faust mitten im Gesicht, sodass seine Brille auf den Asphalt fällt. Anna kreischt laut auf. Nur mit größter Mühe gelingt es Matteo, Paula und Gülçin, den wutschnaubenden Kai von Sven abzudrängen und festzuhalten.

Sven sammelt seine verbogene Brille vom Boden auf und versucht sie notdürftig geradezubiegen. Dicke Tränen laufen ihm über die Wangen. Aus seiner Nase fließt etwas Blut. Ohne sich noch einmal umzudrehen, rennt er zu seinem Fahrrad, schließt es auf, setzt seinen Helm auf und rast auf und davon.

Kai reißt sich los, er ist immer noch ganz außer sich. Dann schnappt er sich ebenfalls sein Fahrrad und fährt in die entgegengesetzte Richtung.

Die anderen stehen verdutzt im Regen und verstehen die Welt nicht mehr.

KURZ
VOR DEM ENDE

„ICH HALTE DAS nicht mehr aus!", sagt Paula zu Matteo, Anna und Gülçin, als sie in der großen Pause zusammen über den Schulhof schlendern. „Selbst in den Schulpausen sprechen Kai und Sven kein Wort mehr miteinander und gehen uns aus dem Weg. Das geht jetzt schon die ganze Woche so." Dabei zeigt sie zuerst auf Kai, der auf dem Klettergerüst kraxelt, und nickt dann mit dem Kopf in Richtung Sven, der verloren auf der Schultreppe sitzt und auch nicht mehr mit überlegen will, wie sie das Baumhaus und ihre Bande retten könnten. Bisher ist ihnen noch nichts Rettendes eingefallen, außer, dass jeder noch mal zu Hause mit seinen Eltern reden sollte.

„Bei Sven bringt das nichts!", weiß Matteo, der ja in der Klasse neben ihm sitzt. „Sven hat seiner Mutter

letzten Samstag sowieso nichts erzählt, nur gelogen, dass er beim Fahrradfahren auf die Nase gefallen sei. Nachdem seine Mutter ihm einen kalten Waschlappen auf die Stirn gelegt hat, obwohl die Nase schon nicht mehr geblutet hat, rief sie schnell seinen Vater im Krankenhaus an, weil sie schon fürchtete, Sven habe eine Gehirnerschütterung. Der ging aber nicht ans Handy, weil er beim Operieren war. Sven sagt, er hat lange auf seine Mama eingeredet und sie dann doch noch davon überzeugt, dass es ihm gut geht. Dann ist er in sein Zimmer gegangen und hat mit seinem neuen Computerspiel mindestens 1.000 Alien-Monster ab-geschossen."

„Bei Kai ist es auch nicht besser", berichtet Anna, die Kai gestern Nachmittag kurz zu Hause besucht hat – nachdem Paula und Gülçin sie zwei Tage lang dazu überredet hatten. „Kai weiß auch nicht, wie er darüber mit seinen Eltern reden soll."

Für Kais Eltern war alles klar. „Es tut uns leid, aber es geht nicht anders", haben sie ihm immer wieder gesagt. Sein Vater hat auch die Baumhaus-Banden-Fahne abgehängt, als er samstagmorgens das Verkaufsschild an der Holztür und an anderen Stellen der Gartenanlage angenagelt hat. Als Kai nach dem Streit mit Sven nach Hause kam und die Fahne auf seinem Bett fand, hat er sie wütend aus seinem Zimmer in den Flur geschmissen. „Die gibt's nicht mehr ohne unser Baumhaus", hatte er nur gebrüllt und die Tür wieder hinter sich zugeknallt. Seine Eltern ließen ihn in Ruhe.

„Sie haben gesagt, dass es ihnen sehr leidtut, aber dass es nicht anders geht. Ich wollte wenigstens die Baumhaus-Banden-Fahne noch mal sehen", berichtet Anna weiter, „aber Kai wusste nicht mal mehr, wo sie ist, und es war ihm auch egal und dann wollte er lieber wieder alleine sein. So ein Sturkopf. Ich bin dann gegangen."

„Da wäre ich auch gegangen", pflichtet Gülçin ihr bei. Dann erzählt sie den anderen, wie ihre Eltern reagiert haben: „Als ich meiner Mutter vom Baumhaus erzählt habe, war gerade auch meine Tante da. Die hat sehr verständnisvoll zugehört und wollte alles ganz genau wissen, aber dann haben sie sich gleich wieder um den Kleinen gekümmert. Mein Baba weiß es noch gar nicht, glaube ich, der muss immer so viel arbeiten."

Anna ergänzt: „Mein Vater war schon interessiert, aber meine Mutter hat gemeint, wir müssen auf ein neues Auto sparen und haben kein Geld für einen Garten."

„Meine Eltern wollen gar nichts geben, wir sparen doch auf das Haus in Italien", sagt Matteo nur knapp und stupst Paula an: „Und wie war es bei dir, Paula?"

Paula hat gar nicht so richtig zugehört und dreht an ihren Freundschaftsbändchen. Ihr ist die Baumhaus-Bande viel wichtiger als das Baumhaus. Aber ohne Sven und Kai sind sie nicht einmal mehr eine Bande.

„Wenn die beiden sich doch endlich wieder vertragen könnten", denkt sie laut vor sich hin. Dann fragt sie Matteo und Anna: „Erinnert ihr euch noch an die Kommuniongruppenstunden? Da ging es doch auch oft um Streit und Versöhnung. Wie geht das noch mal, wenn man sich wieder vertragen will?"

Anna hat immer gut aufgepasst. „Bevor man sich wieder vertragen kann, muss man zuerst einmal erkennen, dass man etwas falsch gemacht hat", erinnert sie sich.

Matteo weiß noch, wie es dann weitergeht: „Und wenn es einem dann wirklich leidtut, dann sollte man zum anderen hingehen und sich entschuldigen. Wenn dann der andere die Entschuldigung annimmt, kann man sich wieder vertragen."

„Stimmt", fällt es Anna wieder ein, „und wenn man sich dann noch vornimmt, dass man es nicht mehr wieder macht, was man falsch gemacht hat, dann kann man vielleicht sogar wieder Freunde werden."

„Das ist doch gar nicht so kompliziert, warum machen die beiden das dann nicht einfach so?"

„Ist doch klar, Paula", wendet Anna ein, „die waren halt beide nicht beim Kommunionweg dabei. Und beichten haben die auch nicht gelernt!"

Da meldet sich Gülçin zu Wort: „Ich glaube nicht, dass es daran liegt, Anna. Wahrscheinlich warten die beiden ja nur darauf, dass der andere kommt und sich entschuldigt?"

Paula und Anna blicken sich verstohlen nach Kai und Sven um.

„Also ich finde, Kai hat mehr Schuld, weil er angefangen hat mit Prügeln. Er müsste jetzt zu Sven gehen und ihn um Verzeihung bitten!", überlegt Paula und Matteo findet das auch.

Gülçin ist anderer Meinung: „Ich denke, Kai hat sich nur gewehrt, weil Sven seine Eltern beleidigt hat. Sven hat also angefangen, deshalb muss er sich zuerst entschuldigen!"

„Da hat Gülçin recht! Sven muss sich zuerst entschuldigen", stimmt Anna ihr zu und wundert sich, dass sie auf einmal Gülçin mehr recht gibt als Paula.

Matteo stöhnt: „Wenn wir vier uns nicht mal einig sind, wer sich zuerst entschuldigen muss, dann wird das ja nie was mit der Versöhnung."

Da hat Paula eine gute Idee: „Wir können uns doch aufteilen, Matteo und ich gehen zu Kai, weil wir finden, er soll sich jetzt bei Sven entschuldigen, und ihr beide geht zu Sven, weil ihr findet, dass der angefangen hat und sich zuerst entschuldigen muss."

„Und was soll das bringen?", fragt Matteo etwas verwirrt.

„Na, wenn wir sie überzeugen können, dass sie beide schuld an ihrem Streit sind, treffen wir uns alle hier in der Mitte beim Baum und die beiden entschuldigen sich gleichzeitig und dann ist die Baumhaus-Bande wieder komplett und wir können gemeinsam weiter überlegen, wie wir unser Baumhaus retten können", erklärt Paula strahlend.

Gülçin und Anna gefällt der Plan und sie laufen gleich zu Sven, der schon wieder an seiner immer noch leicht verbogenen Brille rummacht.

Matteo ist noch etwas verwirrt, aber Paula erklärt ihm alles schnell noch mal auf dem Weg zum Klettergerüst. Es dauert dann doch eine ganz Weile, bis sie die beiden tief verletzten und nicht weniger traurigen Streithähne davon überzeugen können, aufeinander zuzugehen. Aber dann passiert es doch noch: Kurz vor dem Pausenklingeln reichen sich Sven und Kai die Hand und entschuldigen sich ernsthaft für ihr falsches Verhalten am vergangenen Samstag. Gülçin und Paula klatschen sich vor Freude gegenseitig in die Hände. Anna spürt vor Rührung wieder ihr Kribbeln im Bauch. Matteo macht einen Luftsprung, dann rennt er auf Kai und Sven zu und nimmt sie beide gleichzeitig in den Arm, sodass sie alle drei umfallen. Da müssen alle laut loslachen. So laut, dass Gülçins Klasse sogar für einen Moment ihr Gerenne um die Tischtennisplatte vergisst und viele einfach mitlachen. Sogar der drahtige dunkelhäutige Junge, der an der Schulhauswand lehnt, vergisst für einen Augenblick seine Traurigkeit und winkt der ausgelassenen Baum-haus-Bande lächelnd zu.

EINE ÜBERRASCHENDE EINLADUNG

„WIR MÜSSEN UNBEDINGT unser Baumhaus zurückerobern", findet Anna und stochert mit einem Stock im Sand herum. Seitdem sich Kai und Sven wieder versöhnt haben, trifft sich die Baumhaus-Bande regelmäßig auf der Wiese neben dem Sandkasten. Der Spielplatz ist zwar ziemlich groß und auch schön angelegt – es gibt dort Schaukeln, Wippen, einen großen Sandkasten und sogar ein Klettergerüst –, aber überall wuseln kleine Kinder um sie herum und deren Eltern sitzen tratschend auf den Bänken und es gibt kein Baumhaus.

„Gibt es denn schon einen Käufer?", erkundigt sich Paula bei Kai, der mit Matteo an einer Sandburg baut.

„Ich glaube, noch nicht", antwortet Kai, „aber meine Eltern sind zurzeit ziemlich merkwürdig. Immer wenn abends das Telefon läutet und sie mit irgendjemandem über das Gartengrundstück sprechen, schicken sie mich in mein Zimmer."

„Mein Baba tut in letzter Zeit auch immer ganz geheimnisvoll, wenn ich ihn auf das Baumhaus anspreche", berichtet Gülçin.

Bei den anderen ist es ähnlich. Ständig haben ihre Eltern etwas zu tuscheln.

Sven hat die Hoffnung noch nicht aufgegeben und kramt einen Taschenrechner aus seinem Rucksack. Sein Smartphone hatte auch einen Taschenrechner, aber das ist ja kaputt. „Lasst uns doch noch mal zusammenrechnen, ob wir es nicht gemeinsam kaufen können, wenn wir alle zusammenlegen", meint er zuversichtlich.

„Von welchem Geld denn? Auf meinem Sparbuch sind höchstens 300,- €, aber meine Eltern würden mir nie erlauben, davon einen Garten zu kaufen", winkt Matteo ab und gräbt weiter am Burggraben.

Paula hat die Hoffnung auch noch nicht aufgegeben: „Dann müssen wir eben Geld verdienen. Wir könnten doch alle zusammen Freundschaftsbändchen basteln und in der Schule verkaufen. 2,- € pro Stück. Sven, rechne doch mal mit."

Aber Anna auf der Schaukel ist damit gar nicht einverstanden: „Na toll – und dann gehört auf einmal die halbe Schule zu unserer Baumhaus-Bande, oder wie?"

Paula geht gar nicht darauf ein. Sie überlegt, wie viele Schüler sie wohl auf ihrer Schule sind.

Matteo macht sich einen Spaß: „Sven könnte seinen Computer mit allen Spielen verkaufen, seine elektrische Eisenbahn, seine Ritterburg, das Piratenschiff und sein kaputtes Smartphone. Da kommt schon was zusammen."

„O.k.! Notiert! Dann verkaufst du deine Pokale und die drei Originalautogramme von den italienischen Fußballstars an deine Brüder. Aber für mindestens 100,- € das Stück. Und für deinen neuen Lederfußball bekommst du bestimmt auch 50,- €!"

Matteo zeigt ihm einen Vogel.

Aber Sven meint es ernst: „Ich verkaufe mein Fahrrad, das ich an Weihnachten geschenkt bekommen habe, das hat mindestens 400,- € gekostet." Er tippt alles eifrig in seinen Taschenrechner. „Außerdem verzichten wir alle eine Zeit lang auf unser Taschengeld."

„Ich bekomme gar kein regelmäßiges Taschengeld", meint Kai.

„Ich auch nicht", sagt Matteo.

„Also wie ich das sehe, bekommen wir das Geld in zehn Jahren noch nicht zusammen, stimmt's Sven?", schaut ihn Anna fragend an.

„Du hast recht, Anna", gibt Sven zu und klappt frustriert seinen Taschenrechner zusammen.

„Ohne Hilfe von unseren Eltern wird das nichts – und wir müssten auch mal bei den Verwandten herumfragen", stellt Paula fest, und denkt gerade daran, mal mit ihren Großeltern zu sprechen.

Da kommt Annas Mutter mit dem kleinen Benjamin um die Ecke gebogen. „Post für dich, Anna. Den hat der Briefträger gerade bei uns abgegeben", ruft sie ihrer Tochter zu und winkt mit einem Briefumschlag. Anna springt von der Schaukel und reißt ihr den Brief aus der Hand. Wie aufregend, sie bekommt eigentlich nie Post, nur zu Weihnachten oder zum Geburtstag. Sie öffnet den Brief und winkt dann ganz hektisch ihre Freunde herbei.

„Kommt mal schnell alle her", ruft sie ihnen zu. Die Freunde stürmen los und Paula wäre beinahe mit Kofi zusammengestoßen, der mit seinem Fahrrad mal wieder einsam seine Runden um den Spielplatz dreht. Umringt von der ganzen Bande liest Anna den gedruckten Brief laut vor: „Liebe Baumhaus-Bande, bevor der lange Winter kommt, möchten wir euch zu einem Herbstfest einladen. Bitte bringt eure Familien mit. Wir treffen uns am kommenden Samstag um 15.00 Uhr beim Baumhaus. Herzliche Grüße", dann kann sie leider die Unterschrift nicht entziffern. Oder war das Absicht? Und einen Absender hat der Brief auch nicht.

Anna und ihre Freunde sind ganz aufgeregt.

„Weißt du, wer das geschrieben hat?", fragt sie ihre Mutter, aber die lächelt nur irgendwie seltsam und zuckt mit den Schultern. Immerhin verspricht sie ihr, mit ihr gemeinsam zu diesem geheimnisvollen Herbstfest zu gehen. Da halten es die anderen vor Neugierde nicht mehr aus. Sie verabschieden sich flüchtig von Anna und ihrer Mutter und dem kleinen Benni. Dann eilen alle zu sich nach Hause, um nach der Post zu sehen. Und tatsächlich, jedes Mitglied der Baumhaus-Bande hat einen solchen Brief erhalten. Ihre Eltern scheinen irgendwie Bescheid zu wissen, denn alle sagen zu und haben auch schon gleich Ideen, was sie zum Fest beitragen wollen.

Am nächsten Wochenende ist es dann so weit. Der Spätherbst zeigt sich an diesem Nachmittag von seiner milden Seite. Der scharfe Wind ist zwar schon ziemlich eisig, aber in der Sonne ist es gut auszuhalten. Kleine aufgeblasene Luftballons weisen den Weg zum Gartengrundstück, was eigentlich nicht nötig gewesen wäre, weil die Baumhaus-Bande den Weg ja kennt.

Paula steht mit ihrem Bruder, ihrer Mutter, die sich an diesem Samstag extra freigenommen hat, und einem großen Kuchenblech vor der evangelischen Kirche und schaut unruhig auf die Kirchturmuhr. Ihre Katze Mimmi musste zu Hause bleiben. Winkend zieht eine Baumhaus-Banden-Familie nach der anderen an ihnen vorbei.

„Worauf warten wir denn eigentlich, Paula?", fragt ihre Mutter etwas unwirsch. „Du hast doch wohl hoffentlich nicht doch noch deinen Vater eingeladen? Ich dachte, das hätten wir ausführlich besprochen."

„Keine Sorge, Mama. Ich möchte nur noch kurz hier auf jemanden warten, der vielleicht auch kommt. Ihr könnt ja schon vorgehen", antwortet Paula genervt.

Ihre Mutter hatte sie nämlich beobachtet, als sie heimlich den Einladungsbrief am Kopierer zweimal ausgedruckt hat. Sie hätte ihren Papa wirklich gerne dabeigehabt, aber Mama war total dagegen und hat Paula vor die Alternative gestellt: „Die oder ich." Dabei hätte sie Sabine und ihre Halbschwester ja gar nicht unbedingt mit eingeladen.

Zehn endlose Minuten später gibt ihr kleiner Bruder keine Ruhe mehr und Paula gibt das Warten auf. Als die drei endlich mit ziemlicher Verspätung durch den geschmückten Garteneingang treten, hat das Fest schon begonnen. Auf den hübsch dekorierten Biertischgarnituren türmen sich Kuchen, Salate, Getränke und andere köstliche Sachen. Svens Eltern, Annas Mutter und Matteos Geschwister machen „Dutzi-Dutzi" mit dem dick eingemummten Baby auf dem Arm einer strahlenden jungen Frau mit einem wunderschönen Kopftuch. Das muss wohl Gülçins Mutter sein. Paulas Mutter und ihr Bruder gesellen sich sofort dazu. Paula ist froh, dass sie nicht mehr an ihr kleben. Die Väter von Anna, Matteo und Gülçin nicken freundlich rüber und diskutieren dann lebhaft weiter, wahrscheinlich über Fußball. Matteos Mama packt zusammen mit Gülçins Tante immer noch mehr selbst gemachte Köstlichkeiten aus großen Picknickkörben auf die Tische.

Kais Mutter spielt mit Annas kleinem Bruder Fangen und im Windschatten des Gartenhäuschens bemühen sich Kais Vater und Gülçins Onkel um das Grillfeuer. Wehmütig schaut Paula an der rostigen Fahnenstange hoch. Die alte Obstleiter lehnt noch dran, jemand hat sie hübsch mit bunten Bändern geschmückt. Aber keine Fahne weht mehr im Wind. Und die restliche Baumhaus-Bande? Klar, die sitzt bereits komplett im Baumhaus und winkt Paula fröhlich zu. Anna winkt besonders heftig – sie hat nämlich endlich ihren Gips-verband ab. Nichts wie rauf. Wahrscheinlich ist es ja das letzte Mal, dass sie sich dort oben treffen können, denkt Paula.

Doch kaum ist Paula die wacklige Strickleiter hoch-geklettert, da ruft Kais Mutter energisch alle zur Er-öffnung des Buffets vom Baum herunter.

Man merkt ihr an, dass sie ein wenig aufgeregt ist, als sie endlich das gut gehütete Geheimnis um die Zu-kunft des Gartens lüftet: „Liebe Baumhaus-Bande, wie ihr ja wisst, können mein Mann und ich Opas Gartengrundstück nicht länger behalten. Und wir alle wissen, wie traurig ihr darüber seid. Uns fällt das auch nicht leicht. Aber Gott sei Dank, hat es bald neue freundliche Besitzer gefunden. Sobald sich ein Käu-fer für ihren kleinen Garten gefunden hat, werden Gülçins Onkel und Tante, zusammen mit Gülçins El-tern, Opas Garten übernehmen und ihr dürft euch

weiterhin hier im Baumhaus treffen, das haben sie uns versprochen."

Jetzt übernimmt Gülçins Onkel das Wort: „Als Zeichen dafür befestigen wir jetzt wieder eure Baumhaus-Banden-Fahne am alten Fahnenmast." Und dann steigt er die geschmückte Obstleiter hinauf und Kais Vater reicht ihm die zusammengefaltete Fahne.

Kai ist richtig stolz auf seine Eltern.

Die Kinder jubeln, die Eltern klatschen, Gülçin fällt Onkel und Tante um den Hals, ihr Vater legt zärtlich die Hand auf die Schulter seiner Frau und zwinkert seiner Tochter verschwörerisch zu.

Annas süßer kleiner Bruder Benjamin hat sich mit Paulas Bruder zusammengetan. Die sind zu zweit schon eine Bande: Gemeinsam ziehen sie rabiat am Tischtuch, um besser nach den guten Kuchen grapschen zu können. Bevor alles runterpurzelt, eröffnet Matteos Mama kurzerhand das Buffet. Jetzt wird gegessen und getrunken, geplaudert und gelacht. Als der erste Hunger gestillt ist und sich alle artig bedankt haben, zieht es Paula und die anderen schon wieder nach oben – außerhalb der Sichtweite von kleinen Geschwistern und Erwachsenen, die einen ständig angrinsen. Rasch erklimmen sie ihr Baumhaus und ziehen die Strickleiter hinter sich hoch. Gerettet! Unten ziehen die Kleinen an den Rockzipfeln ihrer Eltern und zeigen staunend hoch hinauf in den Baum. Die Baumhaus-Bande lässt sich davon nicht irritieren.

Anna hat nämlich gerade ihr Freundschaftsbuch ausgepackt und überreicht es mit einem freundlichen Lächeln und einem leichten Kribbeln im Bauch. „Magst du auch in mein Freundschaftsbuch reinschreiben, Gülçin?", fragt sie.

Gülçin strahlt übers ganze Gesicht: „Das ist aber lieb von dir, Anna. Klar, das mache ich gerne."

„Na, das ist jetzt aber wirklich die zweitgrößte Überraschung des heutigen Tages", witzelt Matteo und dann fällt es ihm wieder ein, was er Sven die ganze Zeit schon fragen wollte: „Seit wann hast du denn eigentlich ein neues Fahrrad, Sven? Ich dachte, du wolltest für unser Baumhaus sparen."

Sven weiß nicht, was Matteo meint: „Wieso, ich hab doch gar kein neues Fahrrad."

Matteo lässt nicht locker: „Wem gehört denn dann das knallrote Fahrrad, das draußen vor dem Gartentor steht?"

„Das weiß ich doch nicht", antwortet Sven und schaut aus dem Fenster ihres Baumhauses. „Sagt mal, was stehen die Erwachsenen da unten eigentlich alle zusammen und winken uns zu?"

Jetzt drängen sich auch die anderen ans Fenster.

„Seltsam", findet auch Paula und schaut genauer hin, „die winken gar nicht uns zu, die winken unserem Baum zu und schauen dabei in den Himmel."

„Hört doch mal", sagt Gülçin und hält ihren Zeigefinger vor die Lippen, „da raschelt doch was über uns."

„Wahrscheinlich ein Vogel", meint Anna.

Aber Gülçin schüttelt den Kopf: „Also wirklich, Anna! Ich finde die Erwachsenen ja manchmal auch komisch, aber die winken doch keinen Vögeln zu. Da klettert doch irgendjemand über uns im Baum herum!"

Alle wundern sich. Nur Paula hat schon eine Vermutung, wer das sein könnte. Also ist ihr Brief an Kofi doch noch rechtzeitig angekommen.

NACHWORT

Die Baumhaus-Bande: Paula, Gülçin, Sven, Matteo, Anna und Kai – sechs Kinder, drei Nationen, zwei Religionen, und sie sind alle befreundet.

„Na und?", wirst du jetzt vielleicht sagen, dass es doch egal ist, aus welcher Nation einer kommt, welcher Religion er oder sie angehört. Ich habe fünf Enkelkinder, sie sind zwischen drei und zwölf Jahre alt, aber als ich selbst ein Kind war, habe ich keinen einzigen Menschen gekannt, der an Allah glaubt oder keiner der beiden großen christlichen Kirchen angehörte. Es gab zu dieser Zeit wenige Menschen in Deutschland, die gar keiner oder einer anderen Religion, wie zum Beispiel dem Islam, angehört haben. Heute ist es selbstverständlich, dass Menschen vieler Nationen und Religionen zusammenleben. Gerade die Unterschiede machen das Zusammenleben so interessant. Wenn alle einfach gleich wären, dann würden wir verlieren, was zum Leben gehört und zum Leben hilft: die Vielfalt, als Kinder Gottes zu leben. Wenn wir auf Gott schauen, wird deutlich, dass er alle Menschen erschaffen hat und eben ganz verschieden.

Wenn Gülçin von ihrem Glauben erzählt, dann staunen die Freunde oft, doch ihnen wird auch deutlich, dass es verschiedene Wege des Glaubens und verschiedene Namen für den einen Gott gibt. Es ist wichtig zu verstehen, oder zumindest zu versuchen zu verstehen, was es für Menschen anderer Religionen bedeutet, von Gott zu sprechen, zu Gott zu beten und sich nach bestimmten Regeln zu richten. So ist es zum Beispiel für muslimische Kinder nicht vorstellbar, dass Jesus der Sohn Gottes ist, dass Gott in einem Kind geboren ist, dass Jesus von Nazaret später am Kreuz gestorben ist und auferweckt wurde und uns damit den Himmel öffnet. Denn im Koran wird Jesus als ein Prophet beschrieben.

Kennst du Kinder, die zu anderen Religionsgruppen gehören? Hast du dich schon mal mit ihnen über ihren Glauben unterhalten? Es ist spannend, zu hören und zu sehen, wie diese Kinder glauben, beten und feiern. Und für dich ist es eine super Chance, über deinen Glauben zu sprechen. Vielleicht hilft dir das auch, deinen Glauben besser zu verstehen. Durch den Austausch kannst du dir Gedanken darüber machen, was es für uns Christen heißt, dass Gott uns Menschen so nahe kommt, dass er selbst Mensch wird und all das, was uns Menschen auf der Welt bedrückt, kennenlernt, den Menschen hilft, Kinder auf seine Arme nimmt und sie segnet, Trauernde tröstet und die Menschen, die am Rand stehen, in die Mitte zurückholt.

Albert Biesinger